K. G. りぶれっと No.25

観光の経営史
―― ツーリズム・ビジネスとホスピタリティ・ビジネス

市川文彦　鶴田雅昭［編］

はじめに

　この小さな書物は、本書の編者の一人、鶴田雅昭を組織者として「観光の経営史」という論題を初めて共通テーマに掲げた経営史学会・関西部会「2008年度部会大会」(08年8月1日、於　大阪市大文化交流センター)での問題提起、特別講演、諸研究報告、コメントを収めたものです。本書では、これら最新の研究報告等での諸論点を、講義形式のスタイルに組み替えて初学者向けにわかり易く書き改めてあります。

　近年、人々の新たなライフ・スタイルと大いに関わる観光経営、観光ビジネス論を巡る研究が盛んになっています。さらに幾つかの大学では既に〈観光学部〉や〈ツーリズム経営学科〉のような専門コースを設けて、この領域の教育も組織化されています。

　このように観光経営論は、今日脚光を浴びつつある新分野ですが、ビジネスとしての観光業の現状と将来展望を考察するには、同時に、この産業の諸特質を形成してきた、その成立史、変遷の吟味も不可欠になってきます。本書が「観光経営」ではなく、史的視角に着目して「観光の経営史」を主題としている「ねらい」は、ここにあります。本書「序章」での〈問題提起〉をはじめ、各章での具体的事例の吟味より、観光経営史の展開を史的視点から考えてみて下さい。

　　　　　　　　　　　　　　　　　　　　　　　　　　　編　者

〈目次〉

はじめに　3

序　章　観光の経営史
　　　　　　　　　　　　　　　　　　　鶴田雅昭............. 7
　1　ツーリズム・ビジネスとホスピタリティ・ビジネス
　2　観光ビジネスとマーケティング
　3　観光ビジネスとホスピタリティ
　4　小括

第1章　ホテル業界における近年の動向とホテル経営
　　　　──その現状と改革課題　　　　後藤　煕............. 13
　1　ビジット・ジャパン・キャンペーン
　2　日本のホテル成り立ちの歴史
　3　近代的ホテル経営
　4　小括

第2章　わが国における旅行産業の発展と変革
　　　　──近畿日本ツーリストを事例として　尾家建生............. 21
　1　はじめに
　2　観光産業の成長期（1960～70年代）
　3　総合旅行業への成熟期（1980～90年代）
　4　構造変動と事業再編（2000～08年）

第3章　昭和初期大阪市の観光事業
　　　　──訪日視察団との関わりを中心に　伊藤敏雄............. 29
　1　組織的な誘致と対応
　2　視察先の分析
　3　観光艇運航の目的

第4章　観光資源としてのみやげ物
　　　　──沖縄を例として　　　　　　　　川満直樹............41
　1　はじめに
　2　「思い出させる・におわせる」みやげ物としての「ちんすこう」
　3　結びにかえて──その土地（観光地）のイメージを発信する装置

第5章　イギリス産業遺産保存運動のパイオニア L.T.C. ロルト
　　　　　　　　　　　　　　　　　　　　　梶本元信............49
　1　はじめに
　2　ロルトと運河保存運動
　3　ロルトと鉄道保存運動

第6章　観光サーヴィス業の創出プロセス
　　　　──比較経営史的検討　　　　　　　市川文彦............57
　1　〈観光〉サーヴィス業の創出と変容──経済社会との関わり
　2　セーヌ河に映える舟運諸景──移動と見物と
　3　〈観光の誕生〉の背景

　　　経営史学会　関西部会大会 2008〈共通テーマ〉プログラム　　66
　　　あとがき　　　67

　　COLUMN 1　　八巻惠子　　19
　　COLUMN 2　　八巻惠子　　28
　　COLUMN 3　　市川文彦　　39
　　COLUMN 4　　工藤藍子　　47
　　COLUMN 5　　八巻惠子　　56
　　COLUMN 6　　プルクサーポン・ムッタリカー　　65

序章 観光の経営史

1 ツーリズム・ビジネスとホスピタリティ・ビジネス

　一般に観光産業と総称されているものには、旅行業、運輸業、宿泊業、土産物の製造・販売、テーマパークなどがあります。これらは第三次産業即ちサービス業に属しています。これらの事業をそれぞれの役割に基づいて分類すると、旅行業や運輸業など旅行者を観光地に送る側と、宿泊業やテーマパークほか旅行者を迎える側という機能の違いをもとに大別できます。ここでは前者をツーリズム・ビジネス、後者をホスピタリティ・ビジネスと呼ぶことにします。ツーリズム・ビジネスとホスピタリティ・ビジネスは先に述べた機能面での違いのほかに、需要の変化への対応というところにも違いがあります。これについてツーリズム・ビジネスの旅行業から見ていくことにします。

　旅行業は季節や旅行の目的に応じて旅行地域や旅行形態を変更し、需要の変化に対応しています。旅行業では、夏季はマリンスポーツを目的とする沖縄方面、冬季はスキー・スノボーを楽しむ信州や北海道方面への家族単位や少人数グループを対象とするツアーが多く販売されています。春・秋の観光シーズンには名所旧跡や温泉を巡る団体ツアーが比較的多いです。運輸業では長距離移動で利用するJRや航空が、お盆・年末年始の多客期や観光シーズンの繁忙期に、利用者が集中する地域に対して便数の増減や機材の変更等を行い、旅客需要の変化に対応しています。

しかし、ホスピタリティ・ビジネスはツーリズム・ビジネスのように旅行地域や旅行形態の変更、あるいは供給の調整による旅客需要への対応が不可能です。ここにツーリズム・ビジネスとホスピタリティ・ビジネスの違いがあります。また、ホスピタリティ・ビジネスのなかで、ホテルは宿泊部門と料飲部門（レストラン・宴会・ウエディング等）で集客対象が違います。宿泊部門は観光旅行を始めとする他地域からの訪問者を、料飲部門は地元の顧客を対象としています。旅館も同様の傾向にあります。こうした宿泊業における集客面での二重構造は、ツーリズム・ビジネスに対する相違点の一つです。

ツーリズム・ビジネスとホスピタリティ・ビジネスは以下の共通点があります。運輸業や宿泊業は繁忙期と閑散期との間で料金格差を設けています。鉄道では通勤や通学で利用する近郊路線は利用者が少ない昼間に割引運賃が設けられ、観光等で利用する長距離路線ではお盆・年末年始・旅行シーズン等の繁忙期と旅客需要が少ない閑散期の間で若干程度の運賃格差があります。航空は繁忙期と閑散期とで運賃の割引率が違います。ホテルや旅館も閑散期と繁忙期とで宿泊代金が違います。閑散期には割引料金が、繁忙期には割増料金が適応されています。こうした時間帯や季節による料金格差は閑散期の需要喚起策を目的としたものです。

2 観光ビジネスとマーケティング

観光を集客ビジネスとすれば、政府が展開する「ビジット・ジャパン・キャンペーン」や奈良の「平城京遷都1300年祭」など、国や地方公共団体が主催するイベントは集客を目的としていることから、その一つと見ることができます。このほか美術館・博物館・動物園も同様に観光ビジネスと言えるでしょう。こうした観光ビジネスではマーケティング活動が重要な役割を果たしています。

マーケティングは19世紀末のアメリカで誕生しました。その目的

は消費者のニーズを知り、それに基づき product・price・promotion・place の４Ｐ組み合わせ、合理的な経営活動を行い、企業の発展を目指すことにあります。こうした考え方は 20 世紀後半に社会活動全体で利用（social marketing）されるに至り、非営利組織のマーケティング（nonprofit marketing）へと発展し、そのなかでサービスマーケティング（services marketing）が誕生しました。しかし、観光ビジネスにおけるマーケティングは、製造業や販売業のように消費書のニーズを知ると言うのでなく、提供可能なサービスにマッチする消費者（観光客）を選択するというところに違いがあります。地方公共団体や企業が何を観光資源としそれをどの様に活用するか、どの様な施設を提供するかによって、集客対象が違ってきます。

例えば、温泉と文学を観光資源とする松山と、歴史・文化を観光資源とする京都では、観光者のニーズが異なります。同じ古都でも京都と奈良とでは街自体の雰囲気が違い、そこを訪れる観光者のニーズが同じとは言えません。他方、施設の事例として、ホテルと旅館が挙げられます。ホテル・旅館はともに宿泊業ですが、それぞれランクによって宿泊料金で大きな格差があり、そこでのサービスが異なるため集客対象が相違します。

東京ディズニーランドの成功はマーケティングにあります。オリエンタルランド社が東京ディズニーランド開設に際し、マーケティングを行って主たる集客対象を絞り込みました。同社の主たる集客対象は成人女性です。これに併せて運営面でも色々と配慮されています。ランド内での禁酒・指定場所での喫煙・飲食物の持ち込み禁止もその一つです。こうした経営戦略が功を奏し、成人女性を中心に多くのリピーターを獲得したことが同社に成功をもたらしたのです。

3 観光ビジネスとホスピタリティ

　欧米では、ホテル・レストランはホスピタリティ産業とされています。近年、航空会社・旅行会社・テーマパーク等もホスピタリティ産業と位置づけているようです。これらは一般にサービス産業と呼ばれています。サービス産業とは無形財や用役を提供する事業の総称です。このうち電気・ガス・水道や情報通信等はサービスの提供において人と接することが皆無であるのに対し、宿泊・飲食・航空・旅行その他では、人が人に接しつつ何らかのサービスが提供されています。では、サービスとホスピタリティ（「おもてなし」）はどの様な点で違いがあるのでしょうか。

　サービスはラテン語のServusが語源とされ、その派生語としてServant（召使）、Slave（奴隷）があります。他方、ホスピタリティはラテン語のHospesを語源とし、派生語にHotel（ホテル）、Hospital（病院）があります。この二つについては、行為に対する代金支払いの有無で区別する考え方がありますが、ホスピタリティ産業をビジネスとして捉え、そこでの費用という考え方からサービスとホスピタリティの関係を見たいと思います。

　高級ホテルに宿泊者の滞在をサポートするコンシェルジュという接客業務があります。ホテルの宿泊者がレストランで食事すると代金の支払いを必要としますが、コンシェルジュに観劇のチケットや有名レストランの予約を依頼しても代金の支払いを必要としません。しかし、コンシェルジュもレストラン等と同様に人件費その他のコストを必要とします。コンシェルジュに対するコストは、その利用の有無に拘わらず、宿泊者等が支払うサービス料で間接的に回収されています。サービス料は宿泊代金に含まれているので、コンシェルジュに対するコストは宿泊者等が負担していると見ればよいわけです。このように考えると、ホテルではホスピタリティ精神のもとに、宿泊者等に対し多様なサービスが提

供されていることが解ります。

4 小括

　観光産業は機能的な違いからツーリズム・ビジネスとホスピタリティ・ビジネスに大別でき、そこでは需要の変化に対する供給側の調整が可能か否かについて相違します。また、観光を集客ビジネスだとすると、国や地方自治体のイベントや美術館・博物館・動物園等も観光ビジネスの一つであることが解ります。観光ビジネスではマーケティングの重要性というところに共通点があります。マーケティングにもとづき提供可能な観光サービスに対応した集客を行ったか否かが、観光ビジネスの成否を分かちます。また、観光ビジネスにはホスピタリティ産業という側面もあります。「おもてなし」という心遣いが観光客の満足度を高めてリピーターを増やし、地域に潤いを、企業に発展をもたらします。

　こうした観光産業については、経営という問題視角から、各産業あるいは企業の長期的な経営行動や、観光行政における過去の事例を振り返ることによって、今世紀に成長が期待される同産業の現状や課題を明らかにすることができます。そこに観光産業に対する歴史分析の意義があります。

（鶴田　雅昭）

参考文献

本城靖久『トーマス・クックの旅　──近代ツーリズムの誕生』講談社現代新書、1996年。
仲谷秀一・杉原淳子・森重喜三雄『ホテル・ビジネス・ブック』中央経済社、2006年。

第1章 ホテル業界における近年の動向とホテル経営
──その現状と改革課題

1　ビジット・ジャパン・キャンペーン

　日本は国土面積の小さい島国であり、エネルギー資源、食料資源の大半を海外に依存しています。このような状況下で外貨獲得のため、政府は「観光立国」を国策に掲げて「ビジット・ジャパン・キャンペーン」を推進し、海外からの観光客誘致に力を入れています。この施策は外国人訪日客を2010年には1000万人／年間にまで増やそうというものです。

　これまでの外国人訪日客数は2002年523万人、2003年521万人、2004年614万人、2005年673万人、2007年835万人と順調に推移していますが、このキャンペーンを開始した2003年以降急伸していることから、キャンペーンの効果は大といえます。このキャンペーンは外国人訪日客からの観光収入を国の新たな収入の柱とし、国内の経済の活性化を図るというものです。日本国内での観光消費額は、国土交通省の試算によれば、2010年に訪日外国人旅行者が目標の1000万人になった際には約30兆円になると予想しています。2005年の実績額25兆円と比較すれば、この試算は観光産業の発展がいかに大きな経済効果をもたらすかを示すものに他ありません。

　しかし一方、ビジット・ジャパン・キャンペーンにより多数の外国人観光客が訪日するようになっても、そのほとんどは東京などの大都市に集中し、地方都市や地方の温泉街にはその恩恵は行渡らないというのが現状です。ちなみに平成17年の外国人訪問都市の上位は、1位東京、2

位大阪、3位京都となっています。これからの国内の観光マーケットでは、①大都市と地方の観光収入格差、②既存の日本旅館の今後、③台頭著しい外資系ホテルと日本のホテルの競争力の差、といった課題が避けて通れないものになるのです。

　これら課題のなかで、以下では外資系ホテルと日本のホテルの競争力格差について考察します。まずは日本のホテルの成り立ちについて見ていきましょう。

2　日本のホテル成り立ちの歴史

　ホテルは西洋からの輸入文化です。旅館が発展してホテルになったわけではありません。

　明治2年に開業した帝国ホテルは鹿鳴館の後を引き継ぎ、日本の迎賓館として外国からの高官を受け入れてきました。文明開化が声高に叫ばれるなか、日本に訪れる外国の要人のニーズに対応できる施設を持つホテルが生まれました。横浜ニューグランドホテルは昭和2年、神戸オリエンタルホテルは昭和8年に、船舶で訪日する外国人客に対するホテルとして開業したものです。

　このような起源をもつ日本のホテルは、そもそも事業として利益追求という目的をもって発生したわけではありません。こうした迎賓館的役割を担ったホテルの時代がしばらく続きますが、やがて外からの人を受け入れてその地域を活性化させます。すなわち地域振興にはホテルが必要という発想が生まれてきたのです。しかしその経営自体は依然「迎賓館」の域を出ない、およそ事業とは呼べないものでした。

　事業としてのホテル経営は昭和38年に開業した東京ヒルトンホテルに始まります。おりしもその翌年に開催された東京オリンピックをはさんでニュージャパン、パレス、オークラ、ニューオータニ、プリンスといった現代に通じるホテルが次々と誕生しました。

こうして昭和30年代後半にようやくホテルとしての体をなしたわけです。その後は高度成長期に乗じてホテルは発展してゆきます。昭和45年に大阪で開催された万国博覧会は日本の高度成長期の象徴的なイベントでした。これを機にホテルは更に発展します。昭和46年に開業した超高層ホテルの京王プラザ、ホテルパシフィック東京は都市再開発第一号のホテルです。これらはそれまで限られた一部の人しか利用出来なかったホテルを一般大衆、庶民に開放される契機となりました。

その後、企業の経営多角化がブームとなり、異業種のホテル事業への参入が目立つようになります。例を挙げると航空会社系では日本航空が日本航空開発（現在はJALホテルズ）、全日本空輸はANAホテルズ（現在はIHG・ANAホテルズ）を展開しています。また鉄道系では、東急電鉄がヒルトンと契約、その後東急イン、京浜急行はホテルパシフィック東京、小田急はセンチュリーハイアット、スーパー系ではダイエーが新神戸オリエンタルホテルといったように、実にさまざまな企業がホテル事業へと参入しました。

こうして日本のホテルも非日常の豪華な部屋に泊まって寛いでもらい、レストランでは美味しい料理と最高のサービスでもてなすという形を確立させましたが、その経営手法やマネージメント面では欧米に50年の遅れをとっていると言わざるを得ません。

たとえば外資系ホテルの先駆者である東京ヒルトンホテルでは、F&B（料理と飲料）コントロールは当然のことでした。売上、サービスを向上させつつ原価を厳密に管理するという企業の利益追求を意識した考え方は、外資系においては最初からその経営手法にしっかりと根付いていたのです。

そういった経営手法やマネージメントに裏づけされた外資系ホテルの進出が集中したのが東京です。グランドハイアット東京（2003年）、マンダリンオリエンタルホテル・コンラッドホテル（2005年）、リッツカールトン東京・ペニンシュラ（2007年）といった世界に名だたる超一流ブランドのチェーンホテルがオープンしています。こうした大手外資系

ホテルの進出により、「ホテル2007年問題」としてマスメディアを騒がせたのは記憶に新しいところです。2007年問題とは、大手外資系ホテルが相次いで開業した結果、市場の客室数が大幅に増えてホテルが過当競争に陥るというものです。

　こうした外資系ホテルの進出の要因としてはまず土地価格の下落が挙げられます。世界をマーケットにする外資系ホテルにとって、東京の高い地価は日本への進出に際し最大のネックでした。しかしそれがバブル崩壊により大きく下落したのです。このことは、「まず立地ありき」のホテル産業において、外資系ホテルの東京進出を促進した大きな要因と思います。また、こうした地価下落とも連動した地域の再開発で展開された、世界に名だたる超一流ホテルを誘致しエリアのブランド力を高めようとした国内の地域開発戦略も外資系ホテルの進出を後押しする追い風となりました。

　日本において、昭和35年にはわずか260軒であったホテルは、半世紀を経た平成20年には住信基礎研究所の調査で約9500軒と大幅に増えています。しかし、近年、人々のライフスタイルの変化、業界の競争激化、世界経済のグローバル化などによりホテルを取り巻く環境は大きな過渡期を迎えています。

3　近代的ホテル経営

　外資系ホテルの経営は、ホテルを事業と見た場合の経営手法面で日本のホテルと大きな開きがあります。アメリカのヒルトンホテルはマネージメントという概念のもとに経営を行い、1910年からチェーン展開を進めてきましたが、日本では「迎賓館」からスタートし、1960年頃からようやくホテルとしての体をなしてきたという歴史的な成り立ちの違いがあります。これがホテル経営の実力差になっています。

　日本ではホテル経営がなかなかプロフェッショナル化しないという企

業特有の体質をもっています。つまり所有、経営、運営の三権分立が出来ていないということです。野球に例えるなら、オーナー会社が球団を「所有」し、球団社長によって「経営」されていますが、チーム作りやいかに戦うかということに関しては監督に権限があり、実際にプレーをするのは監督が率いる選手です。これをホテル業界では「運営」と言っています。この三権がそれぞれ独立してその役割に徹しない限り専門性を活かしたプロフェッショナル化は難しいと言わざるを得ません。何れか一つが三つの役割を果たすことは技術、能力の専門性、パワーからいっても無理があります。日本では往々にして所有者によって経営し運営される傾向がありました。しかし近年、日本でも三権が分立しつつあります。宮崎のフェニックスシーガイヤリゾートで例えると、所有はリップルウッドH.D、経営はシーガイヤH＆R、運営はシェラトン社です。

　世界マーケットにおけるホテルチェーンでは、所有、経営、運営それぞれが独立して専門化・プロフェッショナル化し、他から干渉されずプレーできる環境がベースにあります。そして、ホテルとしての成功の鍵は、運営面で世界に通用する「プロ」の経営者が握っているのです。

　以上を踏まえて日本のホテルが外資系のホテルに比して劣勢になっているのかを考えると、その原因は次の二つにあると思われます。①日本のホテルは利益を追求する企業ではなく、海外からの要人を受け入れる迎賓館としてスタートしたが、その体質がいまだ残っている。②高度成長期に航空系、鉄道系をはじめ資本力のある企業がホテル経営に進出したが、残念ながらその大半が「うわべ」「カタチ」だけを模倣したにすぎず、本質の部分であるホテルサービス、経営への理解、ノウハウが不足していた。

　相次ぐ外資系ホテルの進出は、これまでほとんど鎖国状態であった日本のホテル業界に自由化、グローバル化をもたらしましたが、これからの時代のホテルについては、新しいブランドホテルの進出→新しい客層の創造、流入→エリアのレベル、イメージアップ→マーケットの拡大、

というフローで表すことができます。

4　小括

　これからのホテル業界はグローバル化の中で世界を相手に競争して生き残っていかなければなりません。個々のホテルが特化したサービス、経営力をもたないと生き残れない時代です。その反面で、外資系ホテルの進出は日本のホテル業界にとって、新たな外国人富裕層の誘致ならびに世界に通用するサービスレベルの向上に大きく貢献すると思われます。
　世界的、構造的な経済不況が押し寄せている昨今、日本国内においても過当競争によるホテルの淘汰がこれまで以上の速度で進むことが予想されます。このサバイバルゲームに勝ち残れるのは、企業経営と顧客サービスの「本質」を理解している「本物」だけです。

（後藤　　熙）

参考文献

　(社)日本旅行業協会「数字が語る旅行業 2006」『週刊ホテルレストラン』、2006 年。

COLUMN 1

〈ホスピタリティ〉の神話

＊スペインの南のマラガという、画家のピカソの出身地として有名なリゾート地で、友人と待ち合わせをしたときのことです。「ビーチ沿いのGran Hotel、1か月後のこの日の18:00」という大雑把な約束だったので、当日になって私は愕然としました。マラガ空港から電話をしたら、なんとホテルは改装工事中。携帯電話を持っていなかったので待ち合わせ場所の変更もできないし、とにかく行くしかありません。初秋のビーチは既に寒く、市内のホテルはシーズンオフでほとんどが休業、街中が閑散としていました。

＊しかしなぜかGran Hotelの窓からは灯りが漏れていました。まるで私を待っていたかのようにドアが開き、男性が礼儀正しく出迎えてくれました。聞けば、友人は改装中と知らずにホテルに足を踏み入れてしまい、工事の人が従業員を呼んでくれたのだそうです。事情を知った総支配人が、「外は寒いから中で待ちなさい」と、私たち2人の待ち合わせのためにロビーを一時的に開放し、オンシーズンと同じようにフロアの灯りをともして、華やかで暖かいもてなしを演出してくれたのでした。

＊このような出来事は、しばしば「ホテル伝説」や「ホスピタリティ神話」として顧客や従業員の間で語られます。ホスピタリティの神話とは、現代の会社神話の一つで、「どれほど感動的なサービスの体験が得られたか」という語りです。企業広告として意図的に創られたり、人材教育の「教典」となったり、経営哲学に通じていたり、企業文化や職場文化にも反映します。そもそも神話（myth）とは、事物の起源や意義が象徴的に述べられた物語のことで、それが語られる文化集団の思想を探る重要な要素の一つでもあります。神話の真偽は誰も知るよしはありません。長い歴史の中で変化もしてゆくものです。

（八巻 惠子）

第2章 わが国における旅行産業の発展と変革
―― 近畿日本ツーリストを事例として

1 はじめに

　産業革命による鉄道の発展とともに誕生した近代ツーリズムは、英国人のトーマス・クックが1841年にチャーター列車で実施したツアー参加者570人の禁酒大会への日帰り団体旅行が始まりとされています。その後、トーマス・クックはロンドン万国博覧会ツアー（1851年）、パリ万国博覧会ツアー（1855年）を手がけたのをはじめ、息子のジョン・メイソンとともにヨーロッパ周遊旅行、エジプト旅行、アメリカツアー、世界一周ツアーの実施へと事業を拡大し、20世紀にはトーマス・クック社は世界最大の旅行会社へと発展しました。

　一方、わが国の近代ツーリズムは日露戦争後に始まったといえます。日本旅行が1905年に、日本交通公社（現在のJTB）は1912年に創業しました。しかし、その後の太平洋戦争（1941～45年）で業務は中断状態にあり、戦後復興期を経て本格的な近代ツーリズムが欧米を追いかけるようにして始まります。

　近畿日本ツーリスト株式会社（以下、KNT）は、わが国のマスツーリズム胎動期にあたる1955年に、近畿日本鉄道の子会社であった近畿交通社と東京に本社を置く日本ツーリストがと合併して誕生し、高度経済成長期から半世紀にわたって発展した企業です。戦後わが国における観光産業の発展と成熟を辿ることのできる旅行業の一つであると言えます。そこで、現代文明の申し子ともいえる旅行業の誕生と発展につい

て、KNTを事例として見ていきます。

2　観光産業の成長期（1960～70年代）

(1) 経済復興と団体旅行

　戦後のわが国は高度経済成長期に入ると社会全体が活況を呈し、国民所得の上昇とともに、社会を構成するさまざまな組織団体において団体旅行の需要が増加しました。親睦、福利厚生、視察研修、報償、招待、会員サービスなどを目的とする団体旅行が盛んに実施され、発展期における社会の活力として団体旅行は欠かせないものとなっていきました。企業や各種法人の職場旅行、信用金庫の積み立て旅行、農協や業界団体の視察旅行や・親睦旅行、生産や流通における販売促進を目的とした招待旅行、政治後援会の旅行、議員の研修旅行、宗教団体の参拝団、老人会や婦人会の旅行など、社会のあらゆる分野の組織が巨大な旅行市場となり、修学旅行やハネムーンマーケットとともに、国内旅行需要は飛躍的に増大しました。

　一方、1964年の東京オリンピックを契機とした高速道路、新幹線、空港などインフラの整備・拡大、航空機の発展にともなう大量輸送時代の到来が旅行需要に拍車をかけ、観光地の宿泊施設・食事施設は軒並み大型化へと向かいます。こうした大量生産・大量消費が一国の経済に発展をもたらした時代の観光をマスツーリズムと呼んでいます。

　このような社会経済環境の下で、旅行業は、マーケットに密着した営業活動と団体旅行・個人旅行の企画、手配、実施の業務を通じて、「単的旅行斡旋業」から「総合旅行産業」へと成長していきます。

(2) 団体旅行時代のKNT

　修学旅行専用列車や別府温泉へのチャーター船など斬新なアイデアと果敢な営業力で急速に市場開発を進めたKNTは、日本交通公社、日本

旅行に追随する全国規模の旅行会社へと成長を遂げました。同社が業界で「野武士軍団」とよばれる理由はそこにあります。

　戦後いち早く復活した修学旅行は旅行業にとって全国規模の最重要マーケットですが、宗教教団の宗教行事への団体参拝も修学旅行と同様に大きな柱の一つと言えます。わが国最初の旅行会社とされる日本旅行は1905年（明治38）、滋賀県の草津駅を拠点とした高野山参詣団と伊勢神宮参拝団の実施を、その始まりとしていました。

　KNTは、前身の一つである日本ツーリスト時代に社員が京都の弁当屋から、7年後の1961年に東西本願寺（浄土真宗）で大きな祭りが開催され、国内・海外からの団体参詣客が20万人を超えると云う情報を得て、教団有力者に対する営業活動を展開しました。その中心にいた当時の副社長馬場勇は自ら浄土宗から浄土真宗へと改宗し、一時は本山の指名を取り付けたのですが、最終的には取り扱い旅行社はKNTに限らないとされました。そこでKNTは全社総動員で全国の末寺に対するセールスを行い、団体参拝客20数万人の大部分を取り扱うことに成功しました。こうして得た大量の旅行者を取り扱うノウハウは、大阪万国博覧会（1970年）や数々の大型イベントに活かされることになります。

（3）個人旅行と海外旅行の時代へ

　団体旅行は早くも1960年代の半ばで個人化への兆候が現われ始めます。それをいち早く察知したKNTは1965年に近畿日本鉄道との共同でコンピューターの導入を決定し、1967年に業界初のオンライン・リアルタイムでの旅館予約システムを稼動させます。

　60年代後半には海外旅行の大衆化が始まり、海外への団体旅行が活発になります。旅行目的も多様化し、業界団体、学術団体、行政関連の海外視察旅行が増え始めています。KNTはこの時期に東京都内の有楽町、虎ノ門、渋谷、新宿、四ツ谷、神田などで海外旅行を主力とした営業所を開設し、大阪、名古屋、福岡、札幌などの海外旅行専門営業所とともに、中央官公庁や業界団体に対する営業を展開しました。

70年代になると、個人旅行のマーケットが国内旅行から海外旅行へと拡大しはじめます。そこで牽引車となったのがハネムーンです。1972年にKNTは海外パッケージツアー「ホリデイ」と国内パッケージツアー「メイト」の発売を開始するとともに、海外添乗専門社員「ホリデイガール」を採用しました。こうして名実ともに大手旅行会社に成長したKNTは1975年に旅行業界初の株式上場を果たしたのです。

3 総合旅行業への成熟期（1980〜90年代）

(1) イベント・プロデュース

1980年代には国際交流時代を迎え、円高を背景に海外旅行マーケットが驚異的な成長を遂げます。一方で、1978年にアメリカが航空業界の自由化を行うなど、国際化の流れの中でわが国においても規制緩和への動きが始まります。1987年に実施された国鉄と日本航空の民営化は、その代表的なものと言えるでしょう。観光業界においては、1983年に東京ディズニーランドがオープンし、テーマパーク時代の幕開けとなります。

旅行産業にとって80年代は、国際化と情報化に投資が集中する時代にあたります。その反面で、「価格破壊」が旅行マーケットにも及び、売上高の順調な伸びに対して利益は必ずしも順調ではない時代となりました。旅行業界第2位となったKNTは、1980年6月に創立25周年を記念する国際文化交流イベント、「まつりインハワイ」をホノルルで開催しました。この「まつりインハワイ」は、その後ハワイ州政府の公式行事となり毎年開催されています。こうしたイベント・プロデュースへの取り組みには、「サントピア沖縄」、本場のディズニーランドを全園貸し切りの「アーリークリスマスinディズニーランド」、宮島・姫路城・比叡山などでの「世界遺産歌舞伎」などの展開を数えるとともに、それはイベント・コンベンション事業への大きな布石となります。

(2) 市場の細分化とインターネット

　1990年のバブル経済崩壊後は金融不安と景気の低迷が続き、銀行や証券会社が倒産した時代です。旅行業界にとっても厳しい時代を迎えます。そのなかでKNTは、人事制度の改革や組織の改正などリストラによって費用を削減し、利益の維持を図ろうと努力しますが、収益構造そのものに対する改善には至りません。90年代半ばには全社挙げてCI運動に取り組みますが、社員やマーケットに対し明確な変革はもたらすことなく終ります。

　国際航空業界での自由化の波と新規航空会社の参入、路線の拡大により航空運賃が下がり、90年代前半に日本人の海外出国者数は年間1,500万人を突破します。海外旅行マーケットの成長のもと、消費者層の多様化に対応した新聞広告でのメディア販売事業や格安航空券専門旅行者などは順調に販売を伸ばします。KNTの渋谷営業所に始まったメディア販売部門は、旅の会員組織「クラブ・ツーリズム」へと発展します。

　90年代後半にはインターネットによるeコマース（電子商取引）が始まります。1996年に日立造船のコンピューター部門によって、ホテル予約の業務サイトである「ホテルの窓口」（のちの、「旅の窓口」）が設立されます。1998年にはインターネット商店街サイト「楽天市場」が創業します。インターネットによるホテル・旅館の予約業務には大手旅行各社も取り組みますが、専門サイト業者との競争はマーケット需要の拡大とともにその後益々激化していきます。

4　構造変動と事業再編（2000〜08年）

(1) 旅行産業の停滞

　KNTの事業規模は1995〜96年を販売高、社員数、店舗数のピークとして、それ以降、成長は停滞します。2001年9月の米国同時多発テロ、2002年10月のバリ島爆弾テロ、2003年4月のSARS感染は海外

旅行マーケットを直撃し、大きな影響をもたらしました。2001年1月、KNTの社長高橋秀夫は電撃的に日本旅行とJR西日本の旅行部門Tisとの三社統合を発表します。しかし、その準備期間中に市場はさらに悪化し、お互いの赤字が解消されてないことを理由に、統合は白紙に戻されました。2004年にKNTはホテルサンフラワー札幌、ホテルポポロ（東京）、ハファダイホテル（サイパン）などの自社系列のホテルを全て手放します。また、メディア販売部門のクラブ・ツーリズムも分離しこれを営業譲渡するなど、大きなリストラを展開しました。

(2) eコマースの拡大

2000年代にはWeb.2.0の登場により、eコマースは急速な技術進歩を遂げ、旅行に関しても消費者の日常的な購買手段となります。2000年12月には日本航空と全日空が国内航空券販売の共同サイト「国内線ドットコム」を設立し、2003年には「楽天トラベル」が「旅の窓口」を323億円で買収して、リクルートの「じゃらん」に並ぶ旅行予約販売サイトとなります。消費者が旅館・ホテルを予約する手段は多様化し、パソコンの画面上の様々な予約サイトへのシフトが徐々に進みます。

情報技術革命は個人のライフスタイルや消費生活に大きな変化をもたらします。

(3) 21世紀市場への挑戦

KNTは2007年に新企業ロゴ「knt!」を導入するとともに、2008年1月には個人販売部門を新会社KNTツーリストへ移管し、団体旅行、ECC（イベント・コンベンション・コングレス）、国際旅行、提携販売、eビジネスの5事業部門に改変してカンパニー組織とし、さらに本社に置かれた旅行事業創発本部を仕入と商品造成の部門に分割するという過去最大の事業再編が実施します。

観光産業における旅行業の優位性はコーディネート、プロデュース、コンサルティングの三機能にあります。観光という裾野の広い産業にお

いて各事業者の集約を図ることにより、旅行サービスという消費者への便宜と感動を創造し続けてきた旅行業は現在、経済社会文化環境の大きな変動のなかにあります。これからの旅行業経営は、従来の三つの優位性をいかに高度化し、新しいマーケットとビジネススタイルを創り出していくかが鍵となるでしょう。社会や地域において観光の持つ役割や機能が拡大し多様化するなかで、グローバル市場を見据えた新たな需要創造が旅行業に求められています。

(尾家　建生)

参考文献
城山三郎『臨3311に乗れ』集英社文庫、1980年。
近畿日本ツーリスト(株)総務部『近畿日本ツーリスト株式会社45周年史』、2000年。
近畿日本ツーリスト(株)法務・広報部『創立50周年記念ひまわり』、2005年。

COLUMN 2

機内食を創る！

＊飛行機の楽しみの一つが機内食。前菜、メインコース、デザートという西洋料理のフルコースが基本形となっているのは、エコノミークラスのトレーも同じです。ファーストクラスやビジネスクラスでは、世界の有名シェフによる三つ星レストランさながらの高級料理や伝統的な料理が空の上で再現されています。

＊最もメニューづくりが難しく、創造性が求められるのはエコノミークラスです。ハブ＆スポーク・モデルや航空アライアンスが発達し、空路のネットワークが再構築されたので、機内はさまざまな国民・民族・言語・宗教・職業などを背景に持つ老若男女が乗り合わせる空間になりました。日本路線に日本食を、というリクエストの一方で、日本食は嫌いだとか、初めて見るという乗客もいます。宗教上の食のタブーやアレルギーの強い食べ物を排除するのはもちろん、人気メニューの偏りも配慮して、300人前後の乗客全員が満足するメニューを作ることは並大抵のことではありません。エスニック料理に偏りすぎない折衷や、無国籍料理のような創作料理の開発や工夫もしています。

＊機内は砂漠のように乾燥し、空気も薄く、味覚が変化するために、のどごしが良くて水分の多い料理が好まれます。しかしあくまで乗り物ですから熱すぎる汁物は危険です。メインコースは搭載前に一度凍らせなければならない検疫規定があって、地上と同じ料理や味の再現は大変に難しいのです。その結果、すしやそばの前菜にメインコースのカレーライス、デザートのチョコレートケーキにロールパンがついてくるなど、私たちの日常生活にはあまり見ない、不思議な組み合わせができあがることもあります。それもまた機内文化といえるようです。

（八巻惠子）

第3章 昭和初期大阪市の観光事業
　　──訪日視察団との関わりを中心に

1　組織的な誘致と対応

　戦前期の日本の観光に関する研究は数少なく、今後の進展が望まれますが、本章では、六大都市の一つである大阪市を取り上げ、その具体的様相の一端に迫ります。同市は、1925年（大正14）の第二次市域拡張以後、東京市が市域を拡張する1932年（昭和7）まで、全国一の工業生産額を誇りました。一方、観光に関しては、どのような取組がなされ、また、観光地としていかなる特徴が備えられていたのでしょうか。以下では、これらの点について、訪日視察団（修学・商工・行政・教育）との関わりを中心に検討していくこととします。
　観光の定義は、語源も含めて、時代や論者により様々ですが、本章では史料上の制約から、視察面をも含めて論じています。それは、当該期の大阪市では、視察は観光に関連する組織で扱われ、視察先と観光対象が重なるところも数多くあったからです。
　大阪市には名所旧跡が少なく、外国人対象の観光事業は積極的になされてきませんでしたが、昭和初期に活発化するようになります。それには、1931年の満州事変以後における軍事行動の拡大とともになされる、円ブロック（円にリンクした通貨による排他的広域経済圏）の強化と東亜新秩序の形成ということが関係していました。つまり、同市においては、観光を通じて、貿易を促進するとともに交流を活発にすることなどが企図されていました。

1932年に満州国、1935年に冀東政権（1937年成立の中華民国臨時政府に1938年に併合、同政府は汪兆銘の新政府樹立運動に合流して解消）、1937年10月に蒙古連盟自治政府（同年11月の蒙疆連合委員会の結成を経て、1939年9月に蒙古連合自治政府成立）、そして1938年に中華民国維新政府（1940年成立の汪兆銘政権に吸収合併）が成立します。その結果、日本が支配力を及ぼす、これらの政権などからの視察団の来阪が増加することになります。

　しかし、大阪市では、観光に関するパンフレット・地図・絵葉書・ポスター・映画等は作られていましたが、関係機関の協調や連携は十分ではありませんでした。そのような状況を改善するため、1939年に、大阪視察団斡旋協議会が設立され、誘致と対応が組織的に行われるようになります。このような組織は、他の五大都市（東京・横浜・名古屋・京都・神戸）にはなく、ここに大阪市における観光事業の特徴を見出すことができます。

　同協議会は役員（大阪市・大阪府・中部防衛司令部・大阪憲兵隊・大阪商工会議所等）と賛助員（学校・博物館・工場・百貨店・料理店・交通業者等）から構成されます。そして、両者の緊密な連絡の下に、日程の作成及び視察先の手配・連絡をはじめ、見学施設の調査研究、接遇の改善、観光思想の普及などもなされました。また、賛助員は、業種ごとに七つの部会に編成され、各部会においても、サービス向上のための取組が行われていました。これらの成果は、一般観光客にも及んだと考えられます。

　1939年と1940年において、訪日視察団による大阪市内視察先で、見学回数が最も多かったのは、官公衙、教育、産業・経済等の分類の中では工場でした。とりわけ、満州の団体にとって、政治中心の東京とは異なり、大阪では工業の視察に大きな意義があり、工場見学を除いては日程が立て難く、それができなければ、非常に落胆して帰国するとされていました。以下では、視察先を、より具体的に見ていくこととします。

2 視察先の分析

　表1と表2には、1939年（昭和14）と1940年における、訪日視察団による見学回数の上位38と同35まで（全回数の9割弱に相当）の視察先と地域別内訳が示されています。また表3には、それらに漏れたものの内、商工業関連のものが挙げられています。

　まず、表1と表2から、訪日視察団の内訳を見れば、欧米等は少なく、満州・中国・蒙古方面で大半を占めていることが判明します。そして、両年とも第1位は、工場ではなく、公園博物場に該当する大阪城で、名所旧跡としてはほかに、四天王寺と橿原神宮（奈良県）しか入っていないことが示されています。その他、ランク外に見られるものも含めて、歴史や文化と関わりのあるものは、社寺では大阪天満宮・住吉大社・難波別院、催物では枚方菊人形、そして娯楽では文楽座・歌舞伎座等が挙げられるに止まりました。

　大阪城天守閣は、1615年（元和元）の大坂夏の陣での焼失後、1629年（寛永6）に再築されましたが、1868年（慶応4）の戊辰戦争で再び焼失しました。しかし、1928年に、大阪市長の関一（せきはじめ）によって市会に提出された天守閣復興案が可決された後、市民の寄付により、1931年に再建されます。それは、鉄骨鉄筋コンクリート造りで、我が国では前例のない地上約55メートルの超高層建築でもありました。

　この関市長の時代には都市計画が実施され、御堂筋の拡張整備のほか、中央卸売市場の創出や地下鉄の建設なども行われます。地下鉄は、日本初のターミナル・デパートである梅田の阪急、心斎橋の大丸・十合（そごう）、難波の高島屋、天王寺の大鉄（現近鉄阿倍野店）の各百貨店と連絡されていました。これらのほとんどが表1～表3に見られますが、百貨店は、営業状況はもとより、外観や内装のデザインも注目を浴びました。例えば、大丸心斎橋店の御堂筋側の外観はネオ・ゴシック様式で、店内の随所には特徴のある電飾がちりばめられ、エレベーターホールや

階段などにもアール・デコ様式の装飾が施されていました。

第2位は両年とも工場で、大阪城とは大川の対岸に位置して貨幣鋳造を行った造幣局でした。また、表1と表2には、陸軍の兵器工場であった大阪陸軍造兵廠（大阪砲兵工廠）・中部軍司令部（旧中部防衛司令部）・大阪陸軍病院が見られますが、これらは、いずれも大阪城に近接していました。民間工場では、鐘淵紡績・住友金属・中山太陽堂（現クラブコスメチックス）・汽車製造（1972年に川崎重工業に合併）・東洋紡績・島田硝子（現東洋佐々木ガラス）・大日本紡績が挙がっています。但し、工場見学の際には、撮影やスケッチなどが厳禁されました。また表3にも、各種工場が示され、銀行・倉庫等のほか、鉄道の駅も見られます。このような交通インフラとしては、表1の第38位に大阪港も入っています。

その他、表1の第6位と表2の第7位には、日本初のプラネタリウムが備えられた電気科学館が示されています。また、両表に宝塚、後者には甲子園（ともに兵庫県）も見られます。これらからだけでは断定できませんが、宝塚歌劇の鑑賞や野球の観戦も行われたことが窺えます。

大阪視察団斡旋協議会は各表の視察先を単独で提供したとは限らず、視察団の希望に応じて、それらを組み合わせた日程とルートを作成したと考えられます。また、工場や学校の見学などは別ですが、様々な産業施設、次節でも述べる西洋風の壮麗あるいは斬新な建築物、そして都市文化は、日本人一般にとっても魅力的な観光対象となっていました。

3　観光艇運航の目的

本節では、先の表1に第15位、表2に第16位に挙がっている観光艇を取り上げます。これは、大阪市によって、1936年（昭和11）に運航が開始され、旧来のバスによる名所巡り（大阪城・教育塔・四天王寺・市立美術館）とも結合されていました。

同市内には、河川・運河が縦横に貫流し、その水運を利用するため、沿岸に各種の工場・倉庫等が多数立地していました。また、堂島川と土佐堀川に挟まれた中之島には、ネオ・ルネサンス様式の大阪市庁と大阪府立図書館、同様式で赤煉瓦造りの大阪市中央公会堂、そして同様式を取り入れたネオ・バロック様式の日本銀行大阪支店などが建ち並び、美しい景観が形成されていました。大阪市庁は表1と表2に、日本銀行大阪支店は表3に示されています。

　観光艇は、河川を航行して近代橋を通過しながら、それらを大観するもので、大阪市が、産業という観点からの観光を、明確に打ち出したものでした。そして、同市を工場等からの煤煙による「煙の都」としてではなく、排水により汚濁しながらも、ヴェネチアをイメージさせる「水の都」として、観光客に印象付けることも企図されていました。

　この観光艇は好評を博しましたが、1938年のガソリン規制による自粛を経て、1940年からは、国策遂行上、必要な場合にのみ運航が行われることになります。また、周辺が軍事関連施設である大阪城でも、1937年の日中戦争開始以後、軍機保護法により、天守閣へのカメラの持ち込みが禁止され、1940年には各階の窓や8階展望台が閉鎖されます。そして1942年、陸軍による通信施設への転用のため、天守閣は接収されました。

　最後に、本章の内容を整理しておきます。昭和初期の大阪市では、満州・中国・蒙古方面等の視察団をターゲットに、産業施設などを対象とした観光事業が組織的に行われるようになりました。しかし、時局の進展とともに、燃料や機密保持等の点から制約がなされるようになります。また、同市は、大気汚染や水質汚濁等の問題も抱えていました。これらから、自由で快適な観光は、平和という前提が満たされ、環境面への配慮もなされなければ成り立ち難いことが分かります。

(伊藤　敏雄)

表1 1939年における訪日視察団の大阪市内視察先の見学回数とその地域別内訳

(単位：回)

順位	視察先	分類	満州	中国	蒙古	米州	欧州	その他	総計
1	大阪城	公園・博物場	99	21	7	9	―	6	142
2	造幣局	工場	97	26	7	1	―	4	135
3	大阪毎日新聞社	通信・交通	60	26	7	4	1	4	102
4	大阪朝日新聞社	通信・交通	49	25	9	4	1	5	93
5	鐘淵紡績株式会社	工場	43	26	7	2	―	5	83
6	大阪市庁	官公衙	31	25	9	―	1	2	68
7	電気科学館	公園・博物場	28	21	13	2	―	1	65
8	中部防衛司令部	官公衙	28	22	9	―	―	2	61
9	大阪府庁	官公衙	26	25	6	―	1	2	60
10	大阪商工会議所	官公衙	26	14	4	―	―	―	44
11	大阪中央放送局	通信・交通	11	11	5	―	―	2	29
12	大阪株式取引所	産業・経済	17	3	6	―	―	2	28
13	大阪中央卸売市場	産業・経済	22	3	1	―	―	1	27
14	宝塚*	娯楽	9	10	4	1	1	―	25
15	観光艇	その他	4	7	3	5	―	1	20
16	農業博物館*	公園・博物場	13	―	3	―	―	―	16
17	北市民館	社会事業	12	―	3	―	―	―	15
17	四天王寺	社寺	13	―	―	1	―	1	15
19	動物園	公園・博物場	5	3	5	―	―	―	13
20	大東亜建設博覧会*	催物	2	6	3	―	1	―	12
21	大阪陸軍病院	官公衙	4	3	2	―	―	―	9
21	美術館	公園・博物場	6	―	―	1	―	2	9
21	住友金属工業株式会社	工場	1	7	―	―	1	―	9
24	都島工業学校	教育	2	3	3	―	―	―	8
24	府立貿易館	産業・経済	8	―	―	―	―	―	8
24	中山太陽堂	工場	6	1	―	―	―	1	8
24	大丸	百貨店	1	2	1	4	―	―	8
28	大阪海軍監督官事務所	官公衙	1	5	1	―	―	―	7
28	地下鉄	通信・交通	1	4	2	―	―	―	7
28	汽車製造株式会社	工場	2	4	1	―	―	―	7
28	阪急百貨店	百貨店	―	6	1	―	―	―	7
32	天王寺師範附属小学校	教育	6	―	―	―	―	―	6
32	集英尋高小学校	教育	4	―	2	―	―	―	6

第 3 章　昭和初期大阪市の観光事業　35

順位	視察先	分類	満州	中国	蒙古	米州	欧州	その他	総計
32	西野田宿泊所	社会事業	5	1	—	—	—	—	6
32	大阪控訴院	司法・警察	6	—	—	—	—	—	6
32	中津警察署	司法・警察	6	—	—	—	—	—	6
32	大阪陸軍造兵廠	工場	2	4	—	—	—	—	6
38	中華総商会	官公衙	—	5	—	—	—	—	5
38	今宮職工学校	教育	5	—	—	—	—	—	5
38	大阪港	産業・経済	3	1	1	—	—	—	5
38	東洋紡績株式会社＊	工場	5	—	—	—	—	—	5
38	島田硝子製造所	工場	3	1	—	—	—	1	5
38	不明	百貨店	4	—	—	1	—	—	5
38	文楽座	娯楽	—	—	—	5	—	—	5
38	枚方菊人形＊	催物	1	2	1	—	—	1	5
	小計（45 か所・13 種類）		677	323	126	40	7	43	1,216
	総計（146 か所・15 種類）		768	363	140	45	7	50	1,373

出典：大阪市役所産業部庶務課観光係編『大阪観光資料叢書　第六輯　来阪の海外視察団に就いて』大阪市役所産業部観光課、1940 年、8-16 頁より作成。
注 1)　＊は、大阪市外のものを表す（表 2・表 3 とも）。
注 2)　中部防衛司令部（後に中部軍司令部）は師団司令部を、大阪海軍監督官事務所は地方人事部を、大阪控訴院は地方裁判所・検事局を含む（表 2 とも）。
注 3)　蒙古については本文参照、その他は、フィリピン・タイ・オーストラリア・インド等である（表 2 とも）。

表 2　1940 年における訪日視察団の大阪市内視察先の見学回数とその地域別内訳

（単位：回）

順位	視察先	分類	満州	中国	蒙古	米州	欧州	その他	総計
1	大阪城	公園・博物場	114	50	4	9	1	3	181
2	造幣局	工場	119	51	3	3	—	1	177
3	鐘淵紡績株式会社	工場	69	48	2	5	—	1	125
4	大阪毎日新聞社	通信・交通	60	41	4	10	1	1	117
5	大阪朝日新聞社	通信・交通	68	28	3	7	1	1	108
6	電気科学館	公園・博物場	45	37	3	8	1	1	95
7	大阪市庁	官公衙	35	27	6	5	1	—	74
8	大阪府庁	官公衙	26	23	2	5	1	—	57
9	中部軍司令部	官公衙	19	20	4	5	1	—	49
10	大阪中央卸売市場	産業・経済	32	5	—	—	—	—	37
11	宝塚＊	娯楽	10	20	3	—	2	1	36

順位	視察先	分類	満州	中国	蒙古	米州	欧州	その他	総計
12	大阪商工会議所	官公衙	19	8	2	5	1	—	35
13	大阪中央放送局	通信・交通	10	9	2	—	—	2	23
13	大阪陸軍造兵廠	工場	1	16	1	4	1	—	23
15	大阪劇場	娯楽	1	19	—	1	—	—	21
16	観光艇	その他	5	11	—	2	—	—	18
17	動物園	公園・博物場	5	5	2	1	1	1	15
17	大丸	百貨店	2	11	—	2	—	—	15
19	大阪株式取引所	産業・経済	4	9	—	—	—	—	13
20	十合	百貨店	—	11	—	1	—	—	12
20	三越	百貨店	1	5	6	—	—	—	12
22	大日本紡績株式会社*	工場	3	1	1	5	1	—	11
23	中華総商会	官公衙	10	—	—	—	—	—	10
23	大阪控訴院	司法・警察	10	—	—	—	—	—	10
25	満州国名誉領事館	官公衙	9	—	—	—	—	—	9
25	橿原神宮*	社寺	3	5	1	—	—	—	9
27	市立盲学校	教育	8	—	—	—	—	—	8
27	地下鉄	通信・交通	3	5	—	—	—	—	8
27	四天王寺	社寺	4	3	—	—	1	—	8
30	住友金属工業株式会社	工場	1	3	—	3	—	—	7
30	汽車製造株式会社	工場	5	2	—	—	—	—	7
32	府立貿易館	産業・経済	5	—	—	1	—	—	6
32	阪急百貨店	百貨店	1	5	—	—	—	—	6
32	文楽座	娯楽	—	1	—	4	—	1	6
35	都島工業学校	教育	1	4	—	—	—	—	5
35	天王寺師範学校	教育	2	3	—	—	—	—	5
35	夕陽丘高等女学校	教育	—	2	—	2	1	—	5
35	汎愛尋常小学校	教育	2	3	—	—	—	—	5
35	枚方菊人形*	催物	1	2	1	—	—	1	5
35	甲子園*	催物	1	2	1	—	—	1	5
	小計（40か所・12種類）		704	505	51	88	15	15	1,378
	総計（144か所・15種類）		803	560	56	105	16	18	1,558

出典：大阪市役所産業部観光課編『大阪観光資料叢書　第八輯　来阪海外視察団調――昭和十五年度』大阪市役所産業部観光課、1941年、9-17頁より作成。

表3　1939年と1940年における、その他の商工業関連の大阪市内視察先と見学回数

(単位：回)

	1939年	1940年
産業・経済	国立工業試験所（1）・市立工業研究所（1）・大阪三品取引所（1）・大阪手形交換所（1）・日本銀行大阪支店（1）・三和銀行（1）・住友銀行（1）・野村銀行（1）	工業奨励館（2）・富民協会＊（1）・市立屠場（1）・日本銀行大阪支店（1）
通信・交通	大阪鉄道局（2）・大阪駅（2）・大阪逓信局（1）・梅田駅（1）・吹田操車場（1）・上本町バス車庫（1）	大阪鉄道局（3）・大阪時事新報社（2）・大阪逓信局（2）・大阪駅（2）・同盟通信社（1）・大阪中央電話局（1）・梅田駅（1）・吹田操車場＊（1）
工　　場	大阪地方専売局（3）・藤永田造船所（3）・大日本紡績＊（3）・武田長兵衛商店製薬部（3）・中山製鋼所（2）・大同マッチ＊（2）・全購連家庭薬工場（2）・住友電線（1）・川西航空機製作所＊（1）・日立製作所（1）・大阪鉄工所（1）・川崎造船所＊（1）・市電福町車輛工場（1）・日本発送電＊（1）・日本水産（1）・ベルベット石鹸（1）・大日本ビール＊（1）・グリコ（1）	武田長兵衛商店製薬部（4）・大日本セルロイド＊（3）・ラサ工業（2）・松下電器＊（2）・大阪地方専売局（1）・住友電気工業（1）・栗本鉄工所（1）・日本油脂（1）・田中車輛工場（1）・東洋紡績＊（1）・山発メリヤス工場（1）・芦森製鋼所（1）・島田硝子製造所（1）・中山太陽堂（1）・塩野義商店製薬部（1）・田辺商店製薬部（1）・大日本ビール＊（1）・郡是製糸（1）・大阪原皮（1）
百　貨　店	不明（5）・三越（4）・十合（3）・松坂屋（3）	阪急百貨店（6）・高島屋（2）・松坂屋（1）
そ の 他	住友本社（1）・住友倉庫（1）・日満倉庫（1）・大阪商船（1）・扶桑丸（1）	住友本社（2）

出典：表1及び表2と同じ。
注）　括弧内は見学回数。

参考文献

砂本文彦『近代日本の国際リゾート——九三〇年代の国際観光ホテルを中心に』青弓社、2008年。
中尾清・浦達雄編著『観光学入門』晃洋書房、2006年。
船越幹央「大阪人も知らない大阪発見バスツアー1　いざ、昭和12年の大阪遊覧へ！——映像でたどる『大大阪観光』」井ノ上雅浩・宮川享子編『大阪人』大阪都市協会、第58巻7月号、2004年。
―――「近代大阪の観光と観光艇『水都』——戦前の産業観光の一例として」

福山琢磨編『大阪春秋』新風書房、第 36 巻第 3 号、2008 年。
吉見俊哉編著『一九三〇年代のメディアと身体』青弓社、2002 年。

COLUMN 3

〈一聞は百見に如かず〉！

＊旅の楽しみは様々です。私個人は毎日の生活の場を離れて、新鮮な旅先での気分転換や、見知らぬ土地の彷徨(さまよう)で、初めて見聞きするものに触れられる経験を、自らの楽しみとしています。

＊さらに旅の途中では、今までに耳学問で得ていた既知の事柄を、実物を初めて目にすることで、これまで抱いてきた、頭の中で作り上げてきたイメージ（先入観）を修正してみたり、実物に触れて驚きと共に、その認識を改めていくこともあります。旅とは、まさに「百聞不如一見」（百聞は一見に如かず）という故語の精神を実践し、実感する場です。

＊とはいえ、ひとは自分で実際に初めて経験し、自らの眼で目撃した現象をも、自己流に、自分で納得できるような論理で——「目撃以前」と同様の思考回路によって——理解しがちです。実物を目にしていても、実態とはかけ離れたイメージを作り上げてしまったり、「先入観」の上塗りも。その好例を一つ。

＊共同研究のため、私がバンコック（タイ王国）を訪問していた時のこと。ちょうど国王陛下の誕生祝賀行事の集中する12月に滞在したので、市内の目抜き通りでは、幾枚もの国王陛下「大判・巨大ポートレート」群の前を、王族たちの専用車が度々行き交っていました。大通りの歩道橋は、王族車の通行が予定される場合、一時通行閉鎖になって渡れなくなります。私の「日本的常識」からして、この通行閉鎖措置は王族警護のためと、ひとり「納得」。しかし、これは見事な「早合点」で、この措置は（警護上の必要以上に）むしろ歩道橋上を含め、崇敬の念として王族の頭上には、人を存在せしめぬようにという儀礼上の理由からくるものと、タイからのある留学生嬢（＝本書後掲の「コラム」執筆者！）より教わりました。

＊このタイ的奥ゆかしさに触れ、旅先で実際に見ることの大切さを感じると共に、「一聞不如百見」（一聞は百見に如かず）という新造語も、つい想像してしまう貴重な経験となりました。一つ賢くなりつつ。

（市川 文彦）

第4章 観光資源としてのみやげ物

―― 沖縄を例として

1　はじめに

　沖縄県は、観光産業の育成に力を入れ、県内への観光客の誘致に積極的に取り組んでいます。また、沖縄には、暑い夏、青い海、青い空、戦跡（平和学習）など多くの観光資源があります。「観光資源」とは、『広辞苑』によれば「多くの観光客を集め利益をもたらす名勝・遺跡や温泉」とあります。沖縄にとって、まさに暑い夏、青い海などは「多くの観光客を集め利益をもたらす」ものです。そして、それらの観光資源をさらにいかすために、沖縄県も海水浴場などの整備、沖縄文化を伝える（紹介する）ためのテーマパーク的な施設等の建設に力を入れてきました。その結果、毎年、多くの観光客が沖縄へ足を運んでいます（図1を参照）。

　観光客側からみると、旅のだいご味はその土地を訪れ、その土地の文化に触れ、その土地の食べ物を食するだけではありません。旅のだいご味の要素として重要なものがもう一つあります。それは「みやげ物」です。みやげ物は、その土地へ行ってきたことの証し、また自分自身の思い出のためなど、旅にとっては欠かすことのできないものとなっています（表1を参照）。また、観光客を受け入れる側（この章では主に沖縄）からみると、みやげ物は観光産業の重要な柱の一つであり、観光立県を目指す沖縄にとっては重要な観光資源です。

　しかし、観光資源としてみやげ物を見た場合、みやげ物を「観光客を集め利益をもたらすもの」としてとらえるだけでは不十分だと思いま

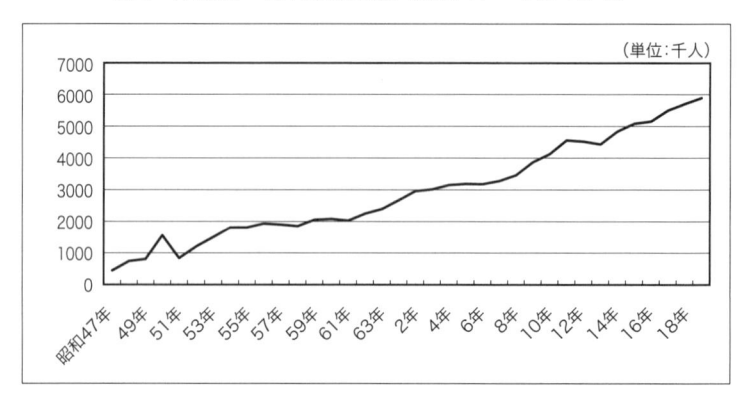

図1 沖縄県への入域観光者数（昭和47〜平成19年）

(単位：千人)

出典：沖縄県庁『平成17年度版観光要覧』20頁の図-2より抜粋、および「H19年度入域観光客統計概況」（沖縄県庁HP、H20年4月23日公表資料）より作成。

表1 観光客一人当たりの沖縄県内での消費額および土産費

	消費額	土産費	消費額に占める土産費
H15	73,831 円	16,838 円	22.8%
H16	70,490 円	15,916 円	22.6%
H17	72,421 円	18,653 円	25.8%
H18	71,560 円	16,668 円	23.3%
H19	72,795 円	19,324 円	26.5%

出典：沖縄県庁HP「公表資料」より作成
　　　(http://www3.pref.okinawa.jp/site/view/cateview.jsp?cateid=233、08.12.29採録)。
(注)　「土産費」以外の消費額の内訳は「宿泊費（34.7％）、交通費（10.9％）、飲食費（18.8％）、娯楽費（8.4％）、その他(2.7％)（各費目のカッコ内の割合は、5年間の平均を示す）」である。

す。なぜなら少なくとも、みやげ物はその土地（観光地）で消費（誰かに渡す、自分で食べる・飾る、etc.）するのではなく、観光地から戻り日常の生活に戻った時に消費（誰かに渡す、自分で食べる・飾る）するからです。そこで重要なことは、みやげ物が、その土地（観光地）を思い出させ、またその土地をにおわせることができるかどうかだと思います。その土地（観光地）から離れ、その土地を「思い出させる・におわせる」ことが観光資源としてのみやげ物の重要な役割であり、また観光地のイメージを発信することにつながっていくと思います。

みやげ物を以上のような観点から、観光資源「思い出させる・におわせる・イメージの発信」と捉え、沖縄のみやげ物、具体的には「ちんすこう」を中心に検討していきたいと思います。

2 「思い出させる・におわせる」みやげ物としての「ちんすこう」

「ちんすこう」は沖縄を代表する菓子土産です。沖縄を訪れる多くの観光客、特にリピーターの方々に好まれ、現在でも図2が示すように、他のみやげ物をおさえ多く購入されています。なぜ、特にリピーターの方々にちんすこうは好まれているのでしょうか。それは「ちんすこう」というみやげ物自体に沖縄という土地を「思い出させ、におわせる」力があるからです。

先ほども述べましたが、沖縄を訪れる観光客の多くがリピーターです。沖縄県が毎年発表している観光資料によれば、平成19年度に沖縄を訪れた観光客の実に71.8％（平成18年度は68.4％）がリピーターとなっています。リピーターの多くは、沖縄に対し目が肥え、沖縄のことをよく理解しています。それは、みやげ物に対しても同様なことが言え

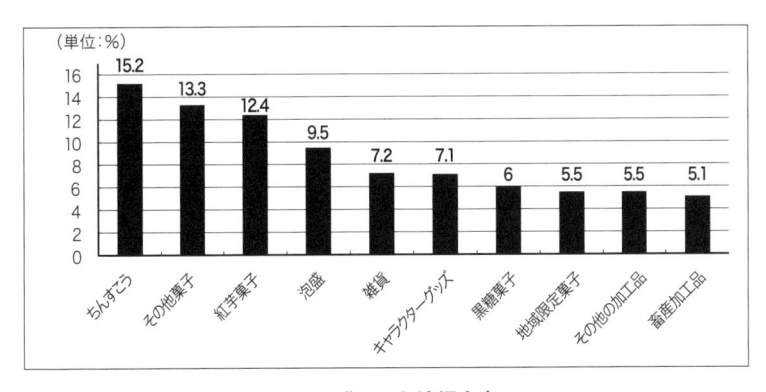

図2　購入した沖縄土産
出典：『美ら島報告書』15頁、図2-6より抜粋。

ます。リピーターの心をとらえるちんすこうとは、一体どのようなものなのでしょうか。
　結論からいうと、ちんすこうは中国の影響を受け沖縄で生まれた焼き菓子です。現在のちんすこうは、明治42年頃に新垣菓子店の新垣淑康が当時流行りだしたレンガ釜で、蒸し菓子であったちんすこうを焼いたのが始まりと言われています。ちなみに、ちんすこうを漢字で書くと「金（珍）楚糕」となります。
　その昔、沖縄は琉球とよばれ、1300年代から現在の中国と緊密な関係（冊封体制）をもっていました。その関係で中国から冊封使を受け入れ、冊封使の来琉は1度に400名〜500名ほどであり、4か月〜6か月ほど滞在したと言われています。冊封使の日々の食事をまかなうために琉球王府には料理座が設けられ、包丁人（料理人）が従事していました。包丁人は、冊封使の口を満足させるために中国へ渡り、中国で料理を学んできました。現在のちんすこうを誕生させた新垣菓子店の祖先にあたる新垣淑規は、琉球王朝最後の包丁人でした。淑規は、三代の琉球国王に仕え、冊封使接遇という大役を二度も任せられ、また琉球王家の付き添い（料理担当）で江戸、薩摩へのぼっています。淑規の以上のような活躍が認められ、琉球国王から「新垣」姓を名乗ることがゆるされました。
　淑規の活動範囲は、包丁人をベースとしながら琉球（首里城内）、中国（冊封使接遇）、日本（江戸・薩摩での滞在）と広範囲であり、一包丁人という枠を超え、琉球にとって大変貴重な文化の伝達者であったと言えるでしょう。
　その後、淑規を先祖にもつ新垣菓子店（新垣家）が中心となり、明治期後半以降の沖縄と日本本土の関係：沖縄と日本本土の交流が盛んになる（蒸し菓子から焼き菓子へ、手土産として日持ちがするみやげ物の必要性）、沖縄の日本復帰（1972年）・沖縄国際海洋博覧会（1975-1976年）：日本本土からの観光客の増加（パッケージなどを使い衛生面を重視、大量生産）など、紆余曲折を経て現在の「ちんすこう」となりました。
　ちんすこうは、沖縄の伝統的あるいは代表する菓子と言われていま

す。それは、ちんすこうが沖縄の歩んできた歴史、また近隣諸国との関係のなかから生まれてきたからだと思います。

3　結びにかえて
―― その土地（観光地）のイメージを発信する装置

　みやげ物などを含む、その土地のモノ（商品など）をその土地以外で発信する装置があります。沖縄の場合、県内外で「わしたショップ」を展開する㈱沖縄県物産公社（1993年設立）と、同じく県内外で「にらい・美らさん・琉球ワールド」などを展開する㈱沖縄物産企業連合（2001年設立）があります。沖縄以外では、長崎県（1963年に（株）長崎県貿易公社）、岩手県（1964年に岩手県産㈱）、富山県（1991年に富山いきいき物産㈱）、高知県（1993年に（株）高知県商品計画機構）なども地域（県）をあげてその土地で生産されたモノ（商品）の域外での展開に取り組んでいます。

　沖縄県物産公社は、直営店を銀座、札幌、名古屋、福岡、沖縄の各都市に計6店舗（うち2店舗は沖縄、2009年7月現在）、特約店を札幌、上野、日暮里、川崎、静岡、大阪、三宮、佐世保などに計8店舗（2009年7月現在）を置いています。また、沖縄物産企業連合は、東京、愛知、兵庫、沖縄の各都市に計7店舗（うち1店舗は沖縄、2009年7月現在）を展開しています。

　2社のアンテナショップともに、いずれも沖縄のモノ（商品）を展示し販売を行っています。そのようなショップへ足を運ぶと、沖縄へ行かずにして沖縄関連のモノ（商品）を手にすることができ、同時に沖縄的な雰囲気を味わうことも可能となっています。

　沖縄県外で展開するアンテナショップは、沖縄で生産された商品（あるいは沖縄的な商品）のPRはもちろんのこと、商品の販路拡大などに一役買っています。また、それだけではなく、県外における沖縄情報のアンテナ（送受信基地）の役割もあり、沖縄のリアルタイムな情報の提

供、沖縄音楽や文化等の発信も行っています。

　県外でのアンテナショップの展開は、モノ（商品）の販売や情報の提供にとどまらず、沖縄への観光客誘致にも一役かっています。まさに、それらアンテナショップは「観光地のイメージを発信する装置」の役割を果たし、みやげ物を含むモノの観光資源化に一役買っていると言えるでしょう。

（川満　直樹）

参考文献

新垣淑哲『辻馬車曳きの独り言　新垣淑哲自叙伝』文進印刷、1999 年。
沖縄県『美ら島ブランド創出推進事業「沖縄特産品実態調査等事業」報告書』、2004 年。
沖縄県『沖縄県観光産業実態調査報告書』、2004 年。
川満直樹「沖縄の代表的な菓子土産"ちんすこう"――ちんすこうと新垣家、新垣菓子店の関係を中心として」『市場史研究』第 27 巻、2007 年。

COLUMN 4

今日は「洗濯日和」?

＊日曜日、カーテン越しの明るい日差しに励まされて起床します。空の青さが、すがすがしい。ベランダに干したままのタオルもすっかり乾いています。あちこちから規則正しい洗濯機の音が快く響いてくる今日は、まさに絶好の洗濯日和です。

＊「洗濯日和」という言葉は一般に、洗濯物がからっと乾いてしまう快晴の日に用いられるでしょう。しかし私が「洗濯日和」という言葉を使うとき、ふと胸をよぎる感覚があります。それは、旅行中のある体験に基づくものです。

＊ニュージーランド滞在中に農場巡りをしていた私が、どこに行っても驚かされたこと。それは、生活用水としての「雨水」の利用です。大半の農場で、人びとは「ウォータータンク」と呼ばれる大型のプラスチック製容器に雨水をため、ろ過した上で日常生活のありとあらゆる場面に利用していました。雨水は汚れているというイメージをもつ私は驚きましたが、この国の大気汚染が少ないという証拠なのでしょうか。

＊それはクリスマスの時期に滞在した、南島の小さな農場でのことです。絶好の「洗濯日和」が続いたせいで、この家にある唯一の中型ウォータータンクの水位は日に日に下がっていきました。皿を洗う時もシャワーを浴びる時も、なるべく水を使うまいと頑張っていたほどです。当然ながら洗濯は我慢せざるを得ず、ひたすら天に雨を願っていました。あと数日ももたないと思われた頃、ようやく待望の雨が降り始めました。私は安堵し、そしてすぐに思いました。「これでやっと洗濯できる!」

＊旅によって私たちはしばしば、異なる習慣や考え方に出会い、驚きます。こうした新たな文化との出会いは、私たちの心の容量を広げ、豊かにするものです。これが旅の醍醐味のひとつではないでしょうか。ちなみに私は、この体験から10年近く経つ今でも、洗濯をするときには最近の雨量を気にしてしまいます。私にとっての「洗濯日和」は、「十分な雨が降った後の」快晴の日、という意味になってしまったようです。

(工藤 藍子)

第5章 イギリス産業遺産保存運動のパイオニア L.T.C. ロルト

1 はじめに

　歴史的にみて近代観光のパイオニアはイギリスでした。「観光旅行」（tourism, ツーリズム）という言葉が一般的に使われるようになったのは19世紀になってからであり、それはイギリスの経済的優位と密接に関係していました。世界に先駆けて産業革命を達成したイギリスでは、数多くの富裕階級が生まれ、多くの人々が楽しみのために旅行するようになりました。もちろんその背景には、トマス・クックに典型的に見られるように、旅行の大衆化に貢献した企業家がいたのです。

　さて、最近の観光旅行の一種として産業遺産観光があげられます。イギリス人の産業遺産への関心の高さは、アイアンブリッジおよびその近隣のコールブルックデイル製鉄所跡や、ニューラナークにおけるロバート・オウエンの木綿工場の遺跡をはじめ、数多くの産業遺産が世界遺産として登録されているという事実からも明らかです。しかしここで忘れてならないのは、産業遺産が観光の対象として可能になった背景には長期にわたる保存運動が見られたことです。しかもそれらの保存運動は決して政府が音頭をとって起こしたのではなく、草の根ボランティアたちの熱意によって自発的に起こったのでした。そうしたパイオニアの一人がロルト〔Lionel Thomas Caswall Rolt、通称トム・ロルト（1910-1974年）〕でした。ロルトはテルフォードやスティーブンソン親子、I. K. ブルネルといった著名な技師の伝記作家、技術史家として名高いのです

が、同時に運河やナローゲージ鉄道の保存運動のパイオニアでもありました。

2　ロルトと運河保存運動

　ロルトはウェールズとイングランドの境界の町、チェスターで生まれました。彼の家系はジェントリー階級の片隅に位置し、彼の父親は一種の不労所得者であり、トムはウェールズの田舎村、ヘイ・オン・ワイで育てられました。しかし、彼の家族は1920年の金融恐慌によって財産の多くを失い、その関係でコッツウォルド丘陵の北端、チェルトナム（Cheltenham）の小さな古い家に移住しました。彼はチェルトナム・カレッジ（Cheltenham Collage）中退後、叔父のカール・ウィランズ（Kyrle Willans）の勧めで徒弟修業に入ります。しばらく農業機械工場で働いた後、叔父が働く機関車工場キア・スチュアート（Kerr, Stuart）社で修行を続けます。この時期、ロルトはしばしば叔父達の家に泊まり、ここで後に彼の人生に大きな影響を与えることになるクレシー号（Cressy）と遭遇するのです。その船はもともとシュロップシャー・ユニオン運河（Shropshire Union Canal）で活躍していた快速船（fly-boat）で、叔父はこのボートを購入し、それにエンジンを取り付けていたのです。やがてキア・スチュアート社は1930年に破産し、ロルト達は失業しますが、その後、友人たちと共に自動車修理工場で働くうちに後に最初の妻となるアンジェラ（Angela Orred）とめぐり会います。二人の共通の関心は運河にあり、アンジェラの父親の反対を押し切って結婚し、叔父からクレシー号を購入し、新婚旅行を兼ねて運河クルーズの旅に出るのでした。

　周知のように運河は産業革命時代の貨物輸送の主役でしたが、すでにこの頃には交通機関としての役割をほとんど終え、産業衰退の象徴的存在になっていました。しかしロルトは第二次大戦参戦前、約2年間にわ

たるクルーズを通じて運河で働く人々の世界に魅せられます。狭い運河船の中で生活する船頭の家族、運河船やロックゲートの建設者、調度品の製造に熟達した職人達……。激しく変化する世界にあって、運河には今も昔とほとんど変わらない生活を続ける人々の隠された世界が存在しました。彼らの生き様や運河が通る美しい自然環境に感銘を受けたロルトは彼の代表作の一つとなる"Narrow Boat"を書き上げ、1944年に出版します。この本は戦後の荒んだ社会にあって、多くの人々の心の琴線を刺激し、1946年までに3万5千部も売れ、ロルトの名前を一躍有名にすると同時に、運河の復活・保存運動の出発点ともなったのでした。この本の発行を機会に彼はハッドフィールド（Charles Hadfield）やエイクマン（Robert Aickman）に遭遇し、運河保存のための内陸水路協会（Inland Waterways Association, IWA）を結成するのです。

　IWAの会員たちは政府機関の代表に働きかけ、運河の保存を訴えるとともに、荒廃した運河の再建のためのキャンペーン活動を展開しました。もっともIWAは運河や内陸水路そのものを引き受けることによって再建を行うのではなく、それらを商業用、あるいは娯楽クルージング用に利用できるように再建し、良好な状態に維持することを「唱導する」ことに、その活動を限定しました。初期のIWAによる活動の成果には、ヨークシャー・ウーズ川のリントン・ロック（Linton Lock, 1950年）やロウワー・エイヴォン・ナヴィゲーション（Lower Avon Navigation）の再建がありました。またマーケット・ハーバラで運河船による初めてのラリーが開催され、人々の再建活動への関心が喚起されました。

　もちろんIWAの活動には浮き沈みがあり、時には主導者間で熾烈な争いが生じることもありました。早くも1951年に協会の活動方針をめぐって対立が起こり、創設の主導者、ロルトとハッドフィールドがIWAから去っています。それにもかかわらず協会は着実に発展し、1949年にIWAの会員数は800人あまりであったのが、1978年には1万4500人に増加しました。地域ごとに多くの支部が開設され、IWAの

組織も強化されていきました。また会員の責任を制限するために、1958年に有限会社となり、利潤の分配を行わない慈善団体として登録されました。IWAのメンバーを中心とするボランティアたちの不断の努力によって政府や地方自治体は政策の変更を余儀なくされ、運河の衰退は食い止められ、将来への展望が開かれたのです。

3　ロルトと鉄道保存運動

さて、運河保存運動から離れたロルトが次に情熱を傾けたのはタリスリン鉄道の救済でした。タリスリン鉄道は中部ウェールズの片田舎、ターウィン=アバーガノルウィン間、全長約6.5マイル、軌間がわずか2フィート3インチ（687ミリメートル）の狭軌鉄道であり、鉄道の終点に立地する鉱山で採掘されたスレートをターウィンまで輸送することを主たる目的として建設されました。しかしそればかりでなく、この鉄道建設の主導者たちは、最初から蒸気機関車による旅客輸送も考慮に入れていたのです。

　この鉄道の建設で主導的な役割を演じたのがランカシャーの綿業企業家マッコーネル家でした。ある鉄道史家が「もしアメリカ南北戦争がなかったならば、タリスリン鉄道は存在しなかったであろう」と述べているように、この鉄道とその母体であるスレート鉱山会社の創設は南北戦争と不可分の関係にありました。当時ランカシャーの綿業企業はその原料である綿花を主にアメリカ南部から輸入していました。18世紀末に創設されマンチェスター北部に立地するマッコーネル&ケネディ（Messrs. McConnel & Kennedy）社は1833年にはアメリカ産綿花の最大の輸入業者になっていました。しかし南北戦争の影響で綿花の供給が絶たれ（「綿花飢饉」）、ほとんどの木綿企業は深刻な経営危機に見舞われました。マッコーネルの工場も半ば操業停止状態に陥りました。危機に直面したこの会社は経営多角化の一環としてウェールズのスレート鉱

山への投資に活路を見出そうとしました。

　しかしマッコーネル家が期待したほど生産は増加せず、スレート輸送のために建設されたタリスリン鉄道も赤字続きでした。やがて第一次世界大戦後、鉱山も鉄道も地方の政治家、ヘンリー・ヘイン－ジョーンズ卿（Sir Henry Haydn-Jones）の所有となりました。ヘンリー卿の意図は鉱山や鉄道などで働く労働者を失業から救い、地域住民の票を獲得するという社会・政治的動機にありました。したがって彼が経営を引き継いだ後もタリスリン鉄道のスレート輸送は減少し続けました。ただひとつの救いは旅客輸送が増加したことでした。夏の観光シーズンには、毎年ミッドランドやランカシャーの工業地域から多くの観光客がウェールズにやってきました。そして他のウェールズの町や村と同様、ターウィンでもリゾート開発を行うものが現れました。

　さて、戦後の労働党政府によってほとんどの鉄道は国有化されましたが、タリスリン鉄道は国有化のリストから漏れ、独立を維持できました。ロルトをはじめ、この鉄道の保存に関心をもつ人々がウェールズを訪れ、ヘンリー卿と会見しました。不幸にしてヘンリー卿は1950年7月9日に死亡しますが、その未亡人は鉄道の存続を希望していました。そこで、ロルトたちはこの鉄道の存続に関心をもつ数多くの人々を引きつけるために公聴会を開き、保存運動に乗りだしていきました。その結果タリスリン鉄道保存協会（The Talyllyn Railway Preservation Society＝TRPS）が立ち上げられました。ボランティア達による熱心な活動により、再建されたタリスリン鉄道は1951年5月14日にオープンし、開通式典においては4台の客車と1台のブレーキバンを牽引したドルゴッホ号（No.2 Dolgoch）がターウィンからラダゴネンまで走行しました。ターウィンからアバーガノルウィン間の正式の営業が開始されたのは同年6月第1月曜日のことでした。1951年の乗客数は1万5628人でしたが、1956年には3万6928人に増加しました。そして1957年にBBCテレビで放送されると、この鉄道への人気は大きく高まり、同年度の乗客数は5万7632人、そして1973年には10万3787人に達しました。

この鉄道が戦後再建され、成功裏に営業が続けられているのは何よりも熱心なボランティアによっていました。ロルトが *Railway Adventure* で書いているように、このウェールズの偉大な小鉄道は「数多くの市井の人々によって補充されているのです。学生、店主、僧侶、技師、鉄道マン、そして学校の先生がわれわれとともに働き、ボランティアの間にもスタッフの間にもなんらの階級や身分の違いは存在しないのです」。ボランティアたちは列車の運行、切符の販売、機関車や客車などの修理、保線工事など鉄道のあらゆる活動に従事しました。

タリスリン鉄道に始まった鉄道保存運動はやがて他の鉄道にも波及しました。タリスリン鉄道と並び観光客に人気の高いフェスティニョグ鉄道も熱心なボランティアたちによって保存運動が開始され、1954年に再開されました。ウェールズは現在では保存鉄道の宝庫となっており、10以上の鉄道がイギリスはおろか世界中の鉄道愛好家をひきつけているのです。

(梶本 元信)

表1 ウェールズの主要保存鉄道

鉄道名	開設年	区間	Milage (gauge)	備考
Festiniog R.	1836 (1864)	Braenau Ffestiniog =Porthmadog	21.7 miles (1ft.11.5 inches)	S. Holland, H. Archer を中心に建設。ポースマドックへのスレート輸送で活躍。第2次大戦後ボランティアを中心に再建。
Dinorwig R. Padarn R.	1824 1840 (1848)	Dinorwig Q.= Port Dinorwig	7 miles (1ft. 11.5 inches 後 4 ft)	Assheton Smith を中心に建設。現在は Llanberis Lake R. という名称で一部観光用鉄道として復活。
Corris R.	1850s	Aberllefeni= Machynlleth	2 ft3 inches	コリス地域のスレート輸送を目的。現在は一部路線のみ運行。
Talyllyn R.	1866 (1866)	Abergynolwyn= Towyn	6 miles (2ft 3inches)	マンチェスターの綿業企業家を中心にスレート輸送用に建設。第2次大戦後トム・ロルトを中心に観光用に再建。
North Wales Narrow Gauge R.	1879 (1879)	Dinas= Rhyd-ddu	1.3 miles 1ft. 11.5inches	地方地主を中心にスノードン山周回鉄道を計画。一部路線のみ開通。第1次大戦後 Welsh Highland R. として復活。

第5章 イギリス産業遺産保存運動のパイオニア L.T.C.ロルト

鉄道名	開設年	区間	Milage (gauge)	備考
Fairbourne & Barmouth R.	1890	Fairbourne= Penryn Point	2 miles 2ft,後15inchのミニチュア鉄道に	当初Fairbourneの村の建材輸送。1916年にNarrow Gauge Railway Limitedの経営の下で観光用ミニチュア鉄道に。
Snowdon MT R.	1896 (1896)	Llanberis= Mt.Snowdon	4 miles (2ft. 7.5 inches)	アプト式の登山鉄道。開通直後の事故で閉鎖。翌年再開。観光用。
Great Orme TW.	1902	Victoria St.= Orme Summit	1 miles (3ft. 6 inches)	北ウェールズの臨海リゾート地Llandudnoの観光用ケーブルカー。
Vale of Rheidol R.	1902 (1902)	DevilsBridge= Aberystwyth	11 3/4 miles (1ft.11.75inches)	鉱物輸送や観光客目当てに建設。1913年にCambrian R.が引き取り、後GWRに吸収。戦後主に観光用に利用。
Welshpool &Llanfair R.	1903 (1903)	Welshpool= Llanfair	9 miles (2ft. 6inches)	「農民の鉄道」として知られ、Cambrian R.が操業。1931年に営業停止。1960年に保存会社により観光用に再開。

出典：Turner W., *Railways of North Wales*, John Jones Publishing Ltd., (1998); Richard A.J., *The Slate Railways of Wales*, Gwasg Curreg Gwalch, (2001); Williams H., *Railways in Wales*, Christopher Davies, (1981); Emrys-Jones R., *The Railways of Wales*, Wilsh Library Association (1979); Jones J.R., *The Great Little Steam Railways of Wales*, Aston Publication Limited, (1991); Boyd J.I.C., *Narrow Gauge Railways in North Caernarvonshire, vol.2, the Penrhyn Quarry Railways*, the Oakwood Press, (1985); Boyd J.I.C., *Narrow Gauge Railways in North Caernarvonshire, vol.3, Dinorwic Quarry and Railways, the Great Orme Tramway and Other Rail Systems*, the Oakwood Press, (1985) より作成。

(注) 開設年の括弧内は蒸気機関車の採用年度を示す。なおウェールズにはこの他にもBala Lake Railway (1972), Breckon Mountain Railway (1972) などがあるが、ここでは省略している。

参考文献

荒井政治『レジャーの社会経済史』東洋経済新報社、1989年。

C. HARVIE "Engineer's Holiday: L.T.C.Rolt, Industrial Heritage and Tourism," in H. BERGHOFF et.al. eds., *The Making of Modern Tourism*, Palgrave Publishers, 2002.

梶本元信「戦後イギリスの運河再建運動」『交通史研究』第65号、2008年。

COLUMN 5

現代の聖地巡礼

＊日本のアニメや漫画は世界中で大人気で、ストーリー性や技術の高さから、芸術と称されることもあります。人気アニメ・漫画・ゲームの特定作品の登場人物や、世界観を流用して二次創作物を楽しむマニアたちがいます。ちまたで「オタク」と呼ばれる「同人（仲間）」です。「同人誌」は、アマチュアであるマニアが描くオリジナル漫画やオリジナルのパロディを資金を出し合って創った雑誌、「ガレージキット」は、登場する美少女やロボットなどのキャラクターをモチーフにした模型で、東京の秋葉原にはそれらの専門店が集中しています。趣味嗜好別に細分化され、マニアのニーズによくこたえているために、「オタクの聖地」と呼ばれてきました。

＊同人誌即売会で世界最大級のイベントが「コミックマーケット（コミケ）」です。現在は年間2回、それぞれ3日間で50万人以上の参加者が国外からも訪れ、史上、類を見ない地球規模の自主運営の祭典です。

＊同人たちが分かち合っているのはオリジナル作品の「世界観」です。これを理解するためには高いリテラシーが求められます。アニメのキャラクターを模倣したコスプレ（仮装）や、それらを車のボディーにあしらった痛車（イタシャ）がコミケに大集合するのも、価値を分かち合う人同士の深い交流です。コミケの帰りに秋葉原のメイドカフェに立ち寄るのは、「聖地巡礼」の途中休憩です。

＊多種多様な同人愛好家たちの活動は、日本では決して新しい現象ではなく、江戸時代の俳句や踊りの「連」などにも見られます。消費文化や市場が世界に拡大・巨大化されていったのは、情報とコミュニティのグローバル化によるもので、「オタクツーリズム」は今や国際観光となっています。

（八巻 惠子）

第6章 観光サーヴィス業の創出プロセス

――比較経営史的検討

1 〈観光〉サーヴィス業の創出と変容
　　――経済社会との関わり

　〈観光〉という言葉は、国の光を観る、という意味を示す語です（国土交通省『観光白書』2007年度版）。ちなみに我が前任地・越中富山には、観光地として著名な立山黒部アルペンルートと、その開発に寄与したTKK＝立山黒部貫光（株）という企業があり、やはり立山を貫く光、郷土の光の開放へ拘ろうとする同社の精神が社名に冠されています。

　さて本書各章では、近現代における観光経営史が検討されます。ビジネスとしての観光業が、各国のうち近代期早々に成立・発展していった国の背景として考慮すべき点は、近代到来以前に、つまり近世期までに既に人々が、幾つもの制約条件のもと、江戸時代庶民の〈お伊勢参り〉や、18世紀ヨーロッパでの貴族・富裕層子弟陶冶のための〈グランド・ツアー〉のような様々な長旅に出ていて、旅の楽しみに触れる経験を重ねてきた事実の存在です。

　すなわち経営史研究の視角からすると、近世までの一般庶民を含めた多くの人々による旅の経験こそ、消費対象としての〈旅〉への社会的需要をもたらすよう作用していた状況が注目されます。このような経験の蓄積が近代観光業成立の前提条件の一つになったと位置付けられます。

　一つの産業分野としての、ビジネスとしての観光業の成立・展開史を問うていくときには、観光業経営を巡る供給面及び需要面の二相の状況

変化と、両者の関係を捉えていく必要があります。ここでは本書「序章」にならい観光サーヴィス経営の供給面を、その性格上、①旅客の移動業務（ツーリズム・ビジネス）と②旅客の迎え入れ業務（ホスピタリティ・ビジネス）に区分しておきます。この二種のサーヴィス供給は、共に観光サーヴィス需要面の動向いかんによって、業務内容の変化を伴う可能性をもちます。さらに後にみる如く、供給面では、この二種の観光サーヴィスの組合わせも新規ビジネスとして設定しえます。

なお供給面と同様に、需要面でも①娯楽指向型と②非娯楽型＝体験・実践指向型とに分けて考えてみることにします。すると観光サーヴィスに関する需要・供給関係は、図1のような四種の組合わせ（類型化）が考えられます。

本書の各章での議論も、これら四類型に区分できます。現代日本でのホテル業務（本書第1章）、沖縄の銘菓「ちんすこう」（第4章）は第Ⅰ象限に、近代英国での産業遺跡の観光資源化（第5章）と近代日本（大阪）での「観光艇」（第3章）は第Ⅳ象限に位置するものです。また旅行代理店によって開発された娯楽志向の〈パッケージ・ツアー〉（第2章）は、旅客の移動業務と迎え入れ業務とを結び合わせた新たな観光サーヴィスですから、第Ⅰ象限と第Ⅱ象限の双方に及ぶものと位置づけられます。これとタイプが異なる（非娯楽型で）体験・実践志向の自然環境探究〈エコロジー・パックツアー〉も、旅客の移動業務と迎え入れ業務から成るので、第Ⅲ象限と第Ⅳ象限に跨って位置づけられます。

2　セーヌ河に映える舟運諸景——移動と見物と

この図1の具体例として、フランスはパリの〈セーヌ河下り〉の場合を吟味してみましょう。今日でも人気のパリ見物コースの一つ、遊覧船"バトー・ムーシュ"（Bateaux Mouche＝スクリュー船）は、従来の外輪蒸気船に替って登場してきました。市内巡りの水上ルートになってい

第 6 章　観光サーヴィス業の創出プロセス　　59

		観光サーヴィス供給側	
		Tourism Business （お客を送る業務）	Hospitality Business （お客を迎え入れる業務）
観光サーヴィス需要側	アミューズメント指向型	〈第Ⅱ象限〉 ＊英　近代 　・行楽列車（Excursion train）	〈第Ⅰ象限〉 ＊仏　近代（Ⅱ） 　・都市部の観光船 ＊日　近代 　・「ちんすこう」誕生 ＊日　現代 　・ホテル業の展開
		相互タイアップ・パッケージ化：近畿日本ツーリスト；TDL パックツアー	
	非アミューズメント型：教養拡充＋体験・実践指向型	〈第Ⅲ象限〉 ＊日　現代 　・修学旅行バス・団体専用列車 ＊仏　近代（Ⅰ） 　・都市部河舟網整備 　　（＝中世以来の貨物・客船） ＊仏　現代 　・パリ市内水上バス	〈第Ⅳ象限〉 ＊英　近現代 　・産業遺跡の、観光資源化 ＊日　近現代 　・観光艇の整備
		相互タイアップ・パッケージ化　　例：エコ・パックツアー	

図 1　観光ビジネスの展開と需要・供給関係

出典：経営史学会関西部会・2008 年度部会大会「問題提起」；各「報告」資料より、作成。

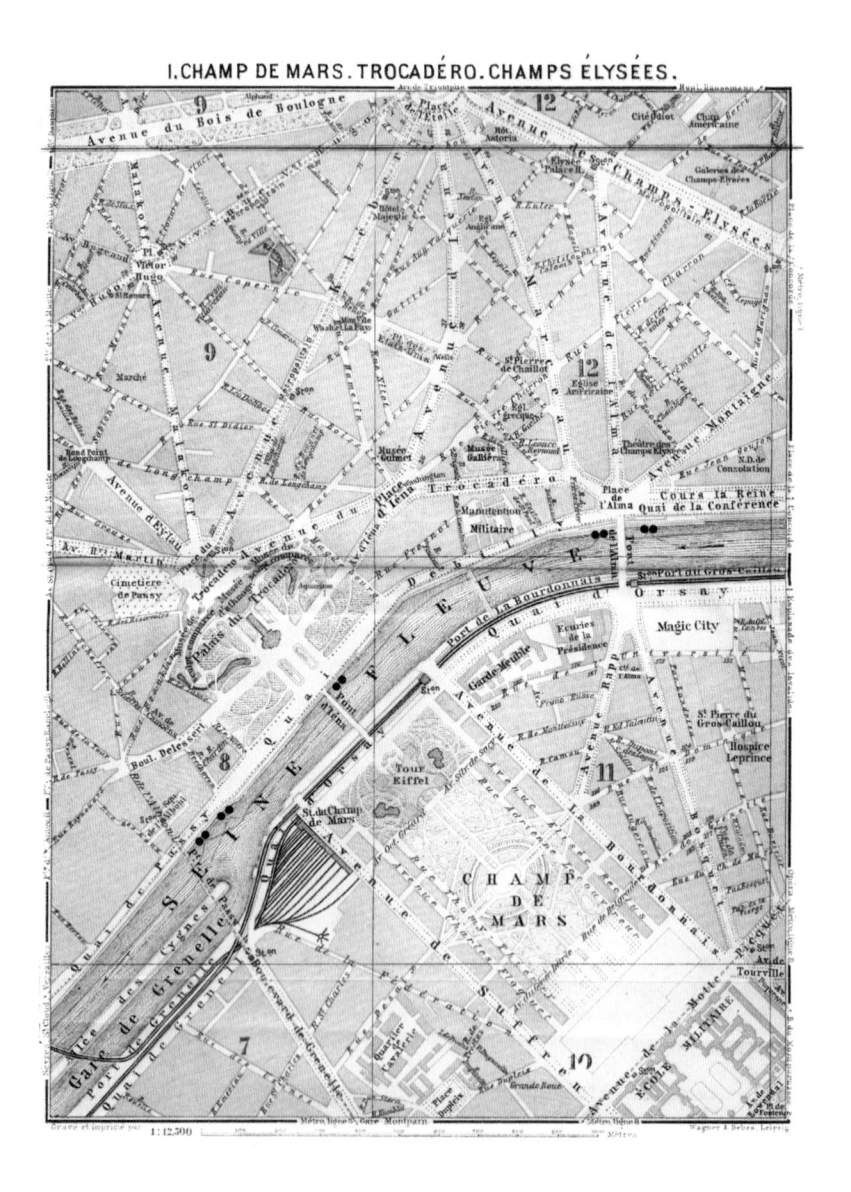

図2　1910年代セーヌの河舟発着所：右岸（北側の河岸）上の●。

て、19世紀中葉（1860年代）には庶民向けの観光資源として既に確立していました（東出加奈子「パリにおける旅客船のはじまり」）。20世紀初頭にも、市内の河岸に幾つもの蒸気船発着所が設けられていました（図2）。

さて現在でも市中のセーヌ河を行交う舟は日々多数にのぼりますが、しかしながら、その全てが観光船というわけではありません。19世紀の観光船登場の遙か以前から、様々な物資を運ぶ貨物船や市内を移動する人々の渡し舟こそ、中世以降のセーヌを満たしてきました（図3）。すなわち、この河は目下、観光ルートであると同時に、現役の物流ルートとしての性格を保有し続けています。常時、建設資材や砂を運搬する平底型の貨物船が、観光船に伍してセーヌを進んでいます。

つまりセーヌ河の水運は、先ず娯楽を目的としない旅客（及び貨物）の移動業務（図1、第Ⅲ象限）として始まり、次いで娯楽のための旅客迎え入れ業務（同第Ⅰ象限）が、これに新たに付け加ってきて、現在の遊覧船バトー・ムーシュへと連なります。

さらに近年では、欧州全体に拡がる地球温暖化対策の一環として、より環境負荷の小さな低炭素性の交通手段として水運は、鉄道と共に再び脚光を浴びています。遊覧船とは別個に、市民の日常的な通勤通学の足として市内水上定期バス「ヴォゲオ」（Voguéo）が、環境政策に熱心なB. ドラノエ市長を戴くパリ市役所によって導入され、2008年6月よ

図3　19世紀パリのセーヌ情景

り就航しています。パリ交通公団（RATP）が、（既に"水上メトロ線"の愛称ももつ）この新水上公共バスを運営していて、メトロ（地下鉄）、市バス、首都圏近郊急行線（RER）等との市内共通定期券によっても便利に利用可能です。いわばセーヌ河が古来から有してきた旅客・貨物の移動業務（図1、第Ⅲ象限）が、21世紀に至って改めて強化されつつある回帰的状況がみられます。

すなわちセーヌの水面（みなも）には、遊覧船に象徴される19世紀に追加された旅客の迎え入れ業務に、さらに新水上バスに顕れる旅客の移動業務が重なっていくプロセスが進行中です。あたかも水都の幾多の船が、図上の第Ⅲ象限と第Ⅰ象限の間を、繰り返し往来していく歴史として捉えられます。

3 〈観光の誕生〉の背景

観光、またレジャーは、各国で時代の流れとともに、いつの間にか自然発生の如く生じてきたわけでは、ありません。観光やレジャーを楽しむには、先ず、その楽しみへ費やしうる時間と経済的余裕が人々に確保されるという前提条件を要しています。

先ず観光サーヴィスの展開状況を検討するとき、各国の経済水準や余暇時間の長さが考慮すべき大きな要素となります。これらの要素が、とりわけ観光サーヴィスの需要面の動向を左右していくからです。図4にも示されるように、近代英国の事例は、同国観光業の早期確立の背景に、その経済水準の高さが関係していることをうかがわせます（本書第5章も参照）。

またフランスの歴史家アラン・コルバン（Alain CORBIN）は、フランス初め欧米諸国で近代期に成立したヴァカンス産業を「気晴らし実現装置」の具体化に見立てています（『レジャーの誕生』）。

人々の気晴らし（レクリエーション、遊び＝プレイ）の充足と実現を

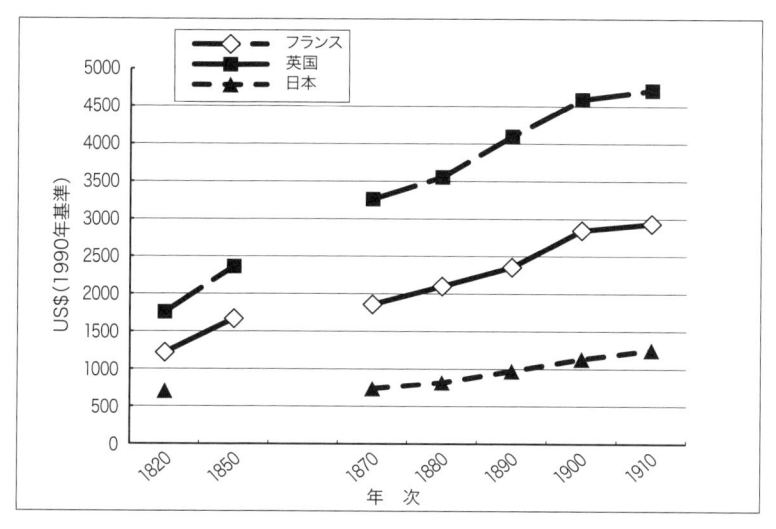

図4　日欧3か国一人当たり実質GDPの動向

なすために、ヴァカンス産業は組織化されていったとする見解ですが、この現象が近代以降の大衆の自由時間、つまり人々にとっての非労働時間の獲得という前提条件と深く関り合ってきたことを示すものです。

　観光サーヴィスを消費しようとする需要側にとって、このような所得面、時間面での条件整備、環境設定が進むことで、初めて〈レジャーの誕生〉が成り、観光サーヴィス供給が組織化されていく過程が始まります。

　さらにヴァカンス、長期休暇の制度化は、各国での工業化の進行様式（大工場での組織的作業へのシフトか、小作業場での労働の継続か、などの違い）が多様である故に、休暇の定着過程も異なっていくため、自ずと各国の観光産業の在り方、観光ビジネスの動態にも差異性が生じてくる事実にも、留意すべきです。

　また各社会における階級・階層上の差もまた、レクリエーションに対する感覚の違いとなって顕れています。近代西欧の多くの社会では、大衆にとっての「娯楽」が気晴らしの楽しみであったのに対し、知識階

級にとっての「余暇」は、教養の陶冶、「威厳ある怠惰」("optium cum dignitate")であるべきとされてきました。このようなレクリエーションに対する階級・階層上の姿勢、精神の差異性の存在も、観光ビジネスの内容や観光サーヴィス供給法に影響を与えることになりました。

　この点も、近代に先立つ近世期に、武家から農民、商人、職人の庶民層に至る人々が階級差を超えて既に長旅を楽しんできた日本の経験と対比することで、彼我の特徴が浮き彫りになることでしょう（金森敦子『お伊勢参り』）。すなわち〈レジャー〉、〈観光〉、〈余暇〉の姿には、時代ごとの各社会の諸特性を投影する反射鏡のような機能が示されていることに、改めて気付かされます。

（市川　文彦）

参考文献

アラン・コルバン編、渡辺響子訳『レジャーの誕生』藤原書店、1995/2000 年。
市川文彦「水路網が結ぶ〈道〉」阿河雄二郎・田中きく代編『〈道〉と境界域』昭和堂、2007 年。
─── 「日仏修好 150 周年記念講演：鉄道大国フランス」（講演資料）岡山県国際交流協会、2008 年。
角山　栄『生活の世界歴史 10　産業革命と民衆』河出書房新社、1975 年。
荒井政治『レジャーの社会経済史』東洋経済新報社、1989 年。
東出加奈子「19 世紀前半のパリの港、河岸、橋」『関西大学西洋史論叢』第 6 号、2003 年。
─── 「パリにおける旅客船のはじまり」『人間文化研究科年報』（奈良女子大学大学院）第 21 号、2005 年。
金森敦子『お伊勢参り　ニッポン観光事始め』日本放送出版協会、2007 年。

COLUMN 6

合掌造りの旅

＊2004年、私は日本への留学によって新しい人生の旅に出ました。日本での第一目的は研究でしたが、せっかく日本で生活するので、できるだけ本格的に日本を味わいたいと思っていました。結局、長いような短いような5年間で47都道府県全てを回りきりました。様々なところに行き、様々な人と出逢いながら、一つ一つの旅を楽しみました。

＊5年間の旅のなかで、一番印象に残っているのは富山県の五箇山です。日本は発展した国という印象が強いのに、このようなトラディショナルな生活がまだ残っているのは想像できないものでした。最初に合掌造り集落を知るようになったのは、岐阜県の白川郷でしたが、小さな規模の方が私の好みに合っていて、五箇山にあこがれました。

＊五箇山には2回行ったことがあり、最初は日帰りで白川郷に行った後に寄ってみただけでした。秋でしたので、ここでの冬の生活はどのようなものか体験してみたいと思い、冬に1泊2日の旅を計画しました。合掌造り宿泊体験を本当にわくわくしていました。

＊合掌造りは、外側が昔ながらの構造ですが、内側は観光客に対応できる設備が用意されていました。昔より便利なのでしょうが、まだ昔の雰囲気が残っています。特に食事では、野菜は五箇山周辺でとれた山菜で、名物の岩魚と一緒においしく味わいました。食事中も、この合掌造りで生活してきた昭和2年生まれのおばあちゃんから古楽器「さらさ」の演奏を楽しませてもらいました。

＊夜、寝ようと思ったら、布団の中になんだか見たことのない硬く、しかも温かいものが入っていました。朝起きて、すぐにおばあちゃんに尋ねたら、それは「豆炭」というものでした。その朝、おばあちゃんが合掌造りでの生活について様々な話をしてくれました。200年以上前に建造されたその合掌造りは、おばあちゃんの愛情を受け、その愛情は私にもよく伝わってきました。おばあちゃんのおかげで、良い旅ができ、機会があればぜひ再び訪問したいと思っています。

（プルクサーポン・ムッタリカー）

経営史学会　関西部会大会2008〈共通テーマ〉プログラム

「観光の経営史——ツーリズム・ビジネスとホスピタリティ・ビジネス」

司　　会：　　澤井　実（大阪大学）

問題提起：　　鶴田雅昭（オルガナイザー：大阪観光大学）

講　　演：　　「ホテル業界における近年の動向とホテル経営」
　　　　　　　　　　　　　　　　　後藤　熙（松山全日空ホテル）

第1報告：　　「わが国における旅行産業の発展と停滞
　　　　　　　——近畿日本ツーリストを事例として」
　　　　　　　　　　　　　　　　　尾家建生（大阪観光大学）

第2報告：　　「昭和初期大阪市の観光事業
　　　　　　　——訪日視察団との関わりを中心に」
　　　　　　　　　　　　　　　　　伊藤敏雄（関西学院大学・院）

第3報告：　　「観光資源としての土産物
　　　　　　　——沖縄ちんすこうを中心として」
　　　　　　　　　　　　　　　　　川満直樹（同志社大学）

第4報告：　　「イギリス産業遺産のパイオニア
　　　　　　　—— L.T.C.ロルトの活動を中心として」
　　　　　　　　　　　　　　　　　梶本元信（帝塚山大学）

コメント1：　　「比較経営史研究の立場から」
　　　　　　　　　　　　　　　　　市川文彦（関西学院大学）

コメント2：　　「ホスピタリティ研究の立場から」
　　　　　　　　　　　　　　　　　山上　徹（同志社女子大学）

あとがき

　2008 年は、10 月に観光庁（国土交通省の外局）が新設され、〈YOKOSO! JAPAN〉を標語とする"ビジット・ジャパン・キャンペーン"に拍車がかかった年でした。そして、この年の盛夏に、本書「はじめに」でも触れた経営史学会・関西部会「2008 年度部会大会」が開催されました。この書物は、同部会大会での諸考察を基礎としています。また本書は経済史・経営史を主題として、先にこの〈K. G. りぶれっと〉シリーズから公刊された『史的に探るということ！』（2006 年）、『フランス経済社会の近現代』（2009 年）に続く第三冊目であり、前著の"姉妹編"となります。

　先の二冊と同じく、本書刊行にあたり関西学院大学出版会・編集委員会の編集長・田村和彦教授、編集委員・山本栄一名誉教授のご尽力を戴きました。また同事務局・田中直哉氏と編集・制作担当の浅香雅代氏により、これまで以上に丁寧で、実に丹念な作業を進めていただきました。ここに記して心より御礼申し上げます。

　この書を生み出した昨夏の「部会大会」のプログラム（敬称略）は、前掲のとおりです。

　さて近年、観光系学部には「観光経営」という講義科目があります。しかし、厳密に言うと観光経営というものは存在しません。それは単に観光産業を総称したものです。この観光産業は旅行業・宿泊業・運輸業を始めとする多くの産業から構成されています。行政サービスもその一つです。観産業の経営はそれぞれ特徴があり、経営環境の変化とその対応についても相違します。経営学会関西部会 2008 年度「部会大会」は、こうした視点に基づき、観光を構成する産業への経済史あるいは経営史的考察を行ったものです。これらの研究が我が国観光産業の発展に寄与

できれば幸いです。

　なお大会当日に、司会の澤井実先生には、各報告、講演、コメントの位置づけをも簡潔にして巧みに御論評いただき、円滑なプログラム進行のみならず、大会の総括ディスカッションでの議論の深化にも、大いに寄与していただきました。また事情によりコメンテーターの一人である山上徹先生には執筆陣に参加いただいておりませんが、同先生からは、大会の場にてホスポタリティ論の専門家としての貴重な示唆と御教示をいただきました。両先生の、08年度「部会大会」と本書への少なからざる御貢献に、改めて深謝申し上げます。また「部会大会」へ参加した八巻恵子さんはじめ、京都に学んだ工藤藍子（林　藍子）さん、プルクサーポン・ムッタリカーさんには、旅情に富む素敵な〈コラム〉を寄せていただきました。

　さらに本「部会大会」に向けて諸準備、設営に当たっていただいた関西部会所属の学会幹事（当時）・山田雄久先生、寺本益英先生、川満直樹先生、橋野知子先生、また「部会大会」会場校の中瀬哲史先生をはじめとする大阪市大の諸先生へ感謝申し上げます。

　2009年文月

　　　　　　　　　　　　　　　　　　　　　　編者　市川　文彦

　　　　　　　　　　　　　　　　　　　　　　　　　鶴田　雅昭

編者・執筆者略歴

〈編者略歴〉

市川　文彦（いちかわ　ふみひこ）

関西学院大学　経済学部准教授
早稲田大学　商学部卒業（1984年）
大阪大学大学院　経済学研究科退学

鶴田　雅昭（つるた　まさあき）

大阪観光大学　観光学部准教授
大阪学院大学　商学部経営学科卒業（1977年）
大阪大学大学院　経済学研究科退学

〈執筆者略歴〉（執筆順）

後藤　熙（ごとう　ひろし）

松山全日空ホテル総支配人
明治大学付属中野高等学校卒業（1959年）

尾家　建生（おいえ　たてお）

大阪観光大学　観光学部教授
山口大学　文理学部理学科卒業（1971年）
立命館大学大学院　政策科学研究科修了

伊藤　敏雄（いとう　としお）

大阪大学　日本語日本文化教育センター非常勤講師
関西学院大学　経済学部卒業（1995年）
関西学院大学大学院　経済学研究科退学、博士（経済学）

川満　直樹（かわみつ　なおき）
同志社大学　商学部専任講師
沖縄国際大学　文学部英文学科卒業（1994 年）
大阪学院大学大学院　国際学研究科退学

梶本　元信（かじもと　もとのぶ）
帝塚山大学　経済学部教授
関西大学　経済学部卒業（1971 年）
関西大学大学院　経済学研究科退学、博士（経済学）

八巻　惠子（やまき　けいこ）
京都大学大学院　経営管理部プロジェクト研究員
放送大学　教養学部生活科学コース卒業（2001 年）
総合研究大学院大学　文化科学研究科退学

工藤　藍子（くどう　あいこ）
京都大学大学院　人間・環境学研究科修了
富山大学　人文学部文化人類学コース卒業（2004 年）

プルクサーポン　ムッタリカー
京都大学大学院　経済学研究科修了、博士（経済学）
タマサート大学　経済学部国際プログラム学科卒業（2001 年）

K. G. りぶれっと　No.25

観光の経営史
──ツーリズム・ビジネスとホスピタリティ・ビジネス

2009 年 10 月 15 日　初版第一刷発行

編　　　者	市川文彦　鶴田雅昭
発 行 者	宮原浩二郎
発 行 所	関西学院大学出版会
所 在 地	〒662-0891　兵庫県西宮市上ケ原一番町 1-155
電　　話	0798-53-7002
印　　刷	協和印刷株式会社

©2009 Fumihiko Ichikawa　Masaaki Tsuruta
Printed in Japan by Kwansei Gakuin University Press
ISBN 978-4-86283-046-3
乱丁・落丁本はお取り替えいたします。
本書の全部または一部を無断で複写・複製することを禁じます。
http://www.kwansei.ac.jp/press

関西学院大学出版会「K・G・りぶれっと」発刊のことば

大学はいうまでもなく、時代の申し子である。

その意味で、大学が生き生きとした活力をいつももっていてほしいというのは、大学を構成するもの達だけではなく、広く一般社会の願いである。

研究、対話の成果である大学内の知的活動を広く社会に評価の場を求める行為が、社会へのさまざまなメッセージとなり、大学の活力のおおきな源泉になりうると信じている。

遅まきながら関西学院大学出版会を立ち上げたのもその一助になりたいためである。

ここに、広く学院内外に執筆者を求め、講義、ゼミ、実習その他授業全般に関する補助教材、あるいは現代社会の諸問題を新たな切り口から解剖した論評などを、できるだけ平易に、かつさまざまな形式によって提供する場を設けることにした。

一冊、四万字を目安として発信されたものが、読み手を通して〈教え―学ぶ〉活動を活性化させ、社会の問題提起となり、時に読み手から発信者への反応を受けて、書き手が応答するなど、「知」の活性化の場となることを期待している。

多くの方々が相互行為としての「大学」をめざして、この場に参加されることを願っている。

二〇〇〇年　四月